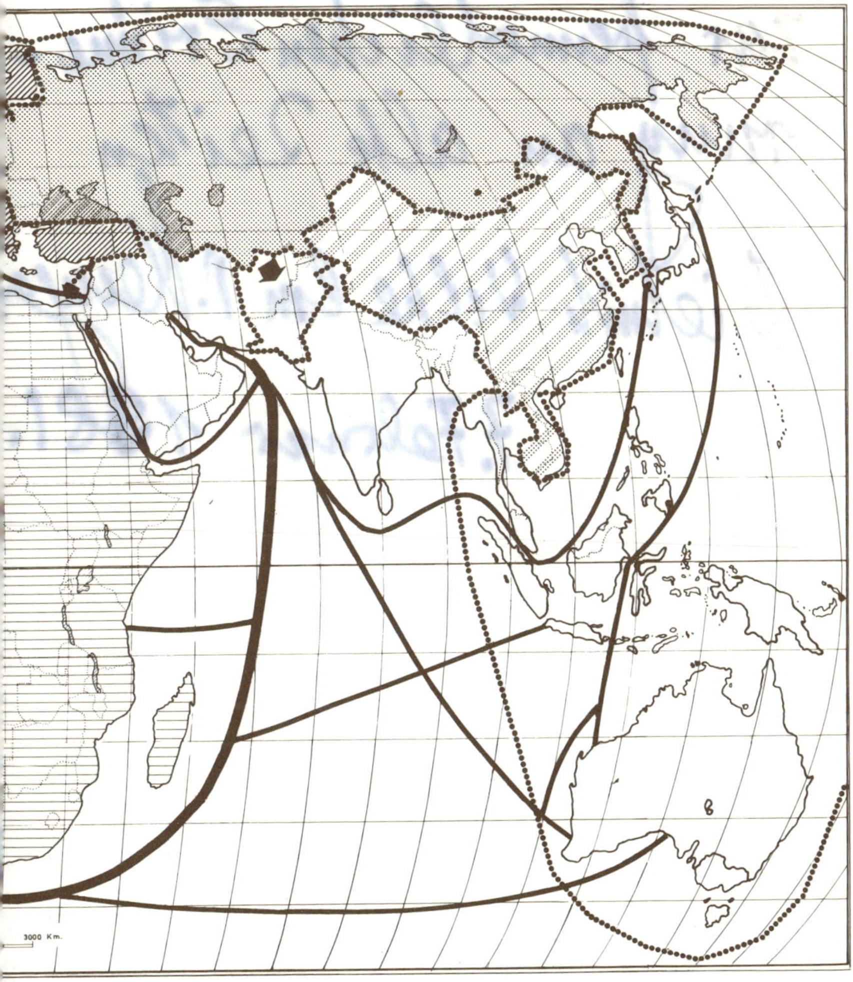
3000 Km.

Herrn Dr h.c. Friedrich Sprot[illegible]
zur freundlichen Erinne-
rung an alte Zeiten
Dietrich Wilhelm v. Menge

7. Februar 1981.

von Menges
Afrika morgen

Dietrich Wilhelm von Menges

Afrika morgen

Schlachtfeld oder Partnerschaft?

Econon Verlag
Düsseldorf · Wien

1. Auflage 1980

Gesetzt aus der Times der Linotype
Satz: Computersatz Bonn GmbH, Bonn
Papier: Papierfabrik Schleipen GmbH, Bad Dürkheim
Druck und Bindearbeiten: Bercker, Graphische Betriebe, Kevelaer
Printed in Germany
ISBN 3 430 16492 3

Inhalt

Vorwort

Das steigende Interesse am afrikanischen Kontinent äußert sich in einer wachsenden Touristenflut und einer Fülle von Neuerscheinungen am Büchermarkt über Afrika. Beides finde ich sehr begrüßenswert, denn ich meine, daß die Entwicklung in Afrika einen entscheidenden Einfluß auf das Zusammenleben der Völker in der Welt in den nächsten fünfzig Jahren haben wird. Das resultiert einmal aus der geographischen Lage, zum anderen aus der Konzentration von Rohstoffen und Energiereserven in diesem Teil der Welt. Andererseits zeigt die Reaktion der Industrieländer und der Vereinten Nationen auf afrikanische Entwicklungen der letzten Jahre, daß man sich wenig mit den speziellen Gegebenheiten dieses Kontinents und seiner Bewohner beschäftigt hat und geneigt ist, Klischees aus anderen Teilen der Welt ohne Nachdenken zu übertragen. Vage Vorstellungen von dem »schwarzen Erdteil«, dem die Segnungen der Demokratie schnell zuteil werden müßten, kollidieren mit marxistischen Wunschvorstellungen, daß hier das »Menschenmaterial« gegeben sei, aus dem man sozialistische Gleichheitsgesellschaften formen könne. Beide verkennen dabei oder möchten ignorieren, daß das ethnische Bild dieses Kontinents von einem Dutzend Großrassen und etwa neunhundert Stämmen geformt wird – eine heute auf der Welt wahrscheinlich einmalige Situation –, so daß keines der Klischees paßt und seine Indoktrination zu einem Neokolonialismus führen muß, wovon wir bereits einige blutige Beispiele erlebt haben.

Wenn man sich über dreißig Jahre lang diesem Raum und seinen Menschen verbunden fühlt, ihn in Nord und Süd bereist und mit seiner gesellschaftlichen und wirtschaftlichen Entwicklung engen Kontakt gehalten hat, sieht man manche Entwicklungslinien – positive wie auch negative – schärfer als jemand, der sich erst seit kurzem mit diesen Problemen befaßt. Ich hatte insbesondere in den vergangenen fünf Jahren Gelegenheit, nicht nur im arabischen Teil Afrikas beratend und beobachtend tätig zu sein, sondern auch in den südlichen Teilen des Kontinents. Die dort gewonnenen Eindrücke habe ich nicht nur in Europa, sondern auch in Washington und New York immer wieder mit meinen Freunden in den verschiedenen Behörden und Organisationen erörtert und versucht, für die Vorstellungen unserer afrikanischen Partner Verständnis zu erwecken. In diesen fünf Jahren haben sich entscheidende Vorgänge abgespielt, die das Antlitz der Welt verändern werden. Ich erwähne nur die Revolution im Iran, den Eintritt Chinas in die aktive Weltpolitik, den Vertrag von Camp David, die Renaissance des Goldes.

Die Möglichkeiten und Gefahren, die sich daraus für Afrika ergeben können, einmal darzustellen ist der Zweck dieses Buches. Es soll kein Rezept sein und keine Prophetie, sondern soll aus der Sicht eines Freundes Afrikas, der sich ein Menschenalter lang mit den wirtschaftlichen Problemen des Kontinents beschäftigt hat, Anregungen zum Nachdenken geben, auch wenn diese nicht immer bequem sein mögen.

Essen, den 30. April 1980
Dietrich Wilhelm von Menges

1. Drei Weltmächte und viele Nationalstaaten im Ungleichgewicht

Im Jahr 1976, an der Schwelle des letzten Viertels dieses Jahrhunderts, begingen die Vereinigten Staaten von Nordamerika die Zweihundertjahrfeier ihrer Unabhängigkeit, feierte Leonid Breschnew seinen siebzigsten Geburtstag, starben Tschou En-lai und Mao Tse-tung.

Die Amerikaner begannen, in diesem Gedenkjahr die Folgen des Vietnam- und Watergateschocks zu überwinden. Ein neugewählter President versprach innenpolitischen und wirtschaftlichen Neubeginn auf den moralischen Grundlagen von Staat und Gesellschaft, die Amerika in zweihundert Jahren groß gemacht hatten. Gespräche, die ich im Frühjahr beim M. I. T. (Massachusetts Institute of Technology) in Boston mit Prof. Paul Samuelson und seinen Mitarbeitern hatte, kreisten um die Hoffnungen auf eine rasche Senkung der Arbeitslosenziffer, Wiedergewinnung der Innovationsfähigkeit der amerikanischen Volkswirtschaft und Versöhnung zwischen Kapitol und Weißem Haus durch die jungen und unverbrauchten Kräfte des amerikanischen Südens. Die Inflation wurde nicht so ernst genommen wie in Europa.

Die Geburtstagsfeiern in der Sowjetunion unterstrichen den militärischen und politischen Geltungsanspruch einer Weltmacht. Der neuernannte Marschall der Sowjetunion bekräftigte in patriarchalischer Weise die nach ihm benannte Führungsdoktrin des russischen Volkes über die anderen staatssozialistischen Länder. Von der Weltrevolution war kaum die Rede.

Die Ereignisse in China bedeuteten das Ende einer Epoche, in der unter der Führung zweier bedeutender Persönlichkeiten dieses Land seine staatliche Einheit wiedergewonnen hatte und in der gleichzeitig um die Gestaltung einer neuen Gesellschaftsform für das Zusammenleben und die wirtschaftliche Existenz von achthundertfünfzig Millionen Menschen gerungen wurde. Die Tatsache, daß jeder vierte Mensch auf dieser Erde der chinesischen Nation angehört, macht diese Weltmacht überall auch dann präsent, wenn ihre Stimme vorübergehend etwas leiser im internationalen Konzert ertönt.

Die genannten Anlässe erweckten den Anschein eines Gleichgewichtes zwischen den beiden alten Großmächten, das durch die dritte – mit sich selbst beschäftigte – nicht gestört wurde.

Das nukleare und das militärische Patt zwischen den Vereinigten Staaten und der Sowjetunion machten das Risiko einer militärischen Auseinandersetzung unkontrollierbar. Die Interdependenz der Weltwirtschaft fügt dem politischen und militärischen Risiko ein hohes wirtschaftliches hinzu.

Die beiden »alten« Weltmächte schienen interessiert zu sein, ihren politischen Besitzstand zu erhalten. Sie wünschten »Sicherheit«. Jeder wollte aber gegenüber dem anderen ein »Voraus« haben. Das ist der Grund für die Eskalation der nuklearen und konventionellen Rüstung. Sie findet ihre Grenze im wirtschaftlichen und technischen Vermögen der Staaten. Wenn diese Linie erreicht ist, wächst die Gefahr des Präventivkrieges, weil einer der Gegner glaubt, weitere Lasten nicht mehr tragen bzw. vermeintliche oder reelle Überlegenheiten nicht mehr weiter aufrechterhalten zu können.

Der dritte Partner – China – liegt wirtschaftlich und technologisch weit zurück gegenüber den beiden anderen Weltmächten. Er ruht in seinem Bevölkerungspotential, das mehr als doppelt so groß ist wie das der beiden anderen zusammen. Seine zukünftige Verhaltensweise ist daher sehr viel schwerer zu definieren als die der beiden anderen Weltmächte.

Die drei Weltmächte besitzen bzw. bestreiten *zusammen* (in zehn Ziffern):

28 % der Weltoberfläche (Land)
44 % der nördlichen Halbkugel
33,1 % der Weltbevölkerung
37,6 % der nördlichen Halbkugel
42,3 % der Weltbergbauproduktion
49 % der Getreideanbaufläche der Welt
52,5 % der Getreideernte der Welt
46,6 % der Armeen auf der Welt
67,1 % der Rüstungsausgaben der Welt
42,2 % des Bruttosozialproduktes der Welt

Diese Zusammenstellung darf nicht den Eindruck erwekken, hier würde das Potential eines »Blockes« dargestellt. Sie soll nur eine Vorstellung vermitteln von der Größenordnung, in der die Weltmächte sich insgesamt bewegen.

Das Gleichgewicht zwischen den Weltmächten wird nicht nur bestimmt von den *eigenen* militärischen und wirtschaftlichen Kräften. Denn dann wäre der Spielraum zwischen den Großen wahrscheinlich noch geringer, als er es heute schon ist. Entscheidend tritt vielmehr die diplomatische Komponente hinzu, nämlich die Fähigkeit, sich mit Partnern aus dem Bereich der Nationalstaaten zu verbinden.

Rund hundertfünfzig Staaten gehören heute den Vereinten Nationen an, wollen am politischen und wirtschaftlichen Geschehen dieser Welt gleichberechtigt mitbestimmen. Von der Volkszahl und Fläche her gesehen, stehen Indien, Brasilien und vielleicht auch Indonesien den Weltmächten am nächsten. Auch Japan ist vom Bevölkerungs- und Industriepotential her ein starker Partner. Gruppierungen wie die Europäische Gemeinschaft oder das COMECON schaffen neue wirtschaftliche und politische Größenordnungen. Die USA weisen gelegentlich darauf hin, daß das Bruttosozialprodukt der EG größer sei als das amerikanische. Der Zusammenschluß der OPEC-Länder hat – fast über Nacht – einen politischen und wirtschaftlichen Faktor ersten Ranges geschaffen.

Die klassischen Industrieländer sind – noch unter der Ordnung von Bretton Woods – in der OECD zusammengeschlossen. Die Entwicklungsländer haben versucht, ihr die Gruppe der 77, gebildet aus den jungen Industrie- und den armen Entwicklungsländern, entgegenzustellen. In allen vorgenannten Gruppen klaffen Gegensätze zwischen den Mitgliedern, verschieben sich laufend die Interessenlagen. Die Weltwirtschaftsordnung von Bretton Woods ist so gut wie endgültig gestorben, nur einige ihrer Einrichtungen arbeiten noch. Die Aussichten, eine neue Weltwirtschaftsordnung zu schaffen, scheinen äußerst gering zu sein.

Die Vereinten Nationen haben durch das Anschwellen ihrer Mitgliederzahl an Gewicht und Handlungsfähigkeit verloren. Sie sind zu einem Welttheater geworden, das zwar reflektieren, aber nicht politisch handeln kann. Der Traum der Völker, ein Weltparlament zu schaffen, das nach dem Grundsatz »one man one vote« die Prinzipien der absoluten Gerechtigkeit verwirklichen sollte, hat sich als eine gefährliche Utopie erwiesen, vor allem angesichts der raschen Vermehrung der Menschheit in den letzten Jahrzehnten, die entschlossenes Handeln dazu fähiger Gruppen ebenso verlangt wie die technologischen Veränderungen unserer Umwelt und der Gesellschaft. Die »Schwellenländer« wie Brasilien, Venezuela, Mexiko, Argentinien – um nur einige zu nennen – rücken in die Gruppe der Industrienationen ein mit allen Pflichten und Rechten. Ihre Interessen können mit denen eines »Entwicklungslandes« wie zum Beispiel Botswana oder Bangladesh nicht identisch sein, abgesehen vom gelegentlichen, taktisch bedingten Zusammenspiel gegen eine dritte Gruppe.

Die Aufstellung einiger Anteilsziffern der Weltmächte zeigt, daß ohne deren Mitwirkung in der Weltpolitik heute nichts mehr laufen kann. Der geheime Wunschtraum militanter Verfechter des Nord-Süd-Gegensatzes, die Herrschaft der Industriestaaten des Nordens könne abgelöst werden durch eine Herrschaft der »jungen Völker« der südlichen Halbkugel, die das Geschick der Welt im nächsten Jahrhundert bestimmen und eine neue, nur nach den Bedürfnissen des Individuums ausgerichtete Weltwirtschaftsordnung errichten würden, scheitert an machtpolitischen Gegebenheiten. Dies würde außerdem mit Sicherheit den Hungertod für große Teile der Welt, nicht nur der jungen Völker bedeuten. Es ist wohl möglich, durch Krieg und Aufstände wesentliche Teile der Weltgetreideproduktion und lebenswichtiger Industrien auf der nördlichen Halbkugel zu zerstören; es ist aber bestimmt nicht möglich, sie mit gleicher Leistung auf die südliche Halbkugel nahtlos zu verpflanzen.

Der Umwandlungsprozeß, in dem sich die ganze Welt – nicht nur die Entwicklungsländer – geistig und materiell befindet, stellt alle Beteiligten vor neue Probleme. Er ist aber ein Vorgang, den es auch in früheren Jahrhunderten auf dieser Welt schon gegeben hat und mit dem Generationen und Nationen fertig geworden sind. Sie haben sich der Herausforderung gestellt. Einige sind dabei gewogen und zu leicht befunden worden, andere haben die Prüfung bestanden und ihren geschichtlichen Auftrag erfüllt. Zu erkennen, daß, überdeckt vom Tagesgeschehen, eine solche historische Wende auf der Welt eingetreten ist, ist die Aufgabe, die sich den Politikern der großen und der kleinen Nationen heute stellt und die von ihnen ein Umdenken und vielleicht auch neue Überlegungen und Wege erfordert. Diese werden sicherlich nicht immer populär sein, und es wird eines langen Atems bedürfen, um Erfolge zu sehen. Im Gebrauch der Macht maßvoll zu sein und sich dabei der Zustimmung anderer Nationen mit unterschiedlichen Interessen zu versichern ist auch für eine Weltmacht keine leichte Aufgabe. Der Wirtschaft, vor allem in den Industrienationen, wird bei diesem politischen Prozeß ein hohes Maß an Leistungswillen und unternehmerischer Initiative abverlangt werden.

Das Gleichgewicht zwischen Ost und West kann bei dieser Lage nur ein sehr labiles sein. Das Zerbrechen des iranischen Sperriegels setzte unkontrollierbare Kräfte im islamischen Raum frei; der Zusammenstoß zwischen China und Vietnam zeigte, daß ein konventioneller Krieg heute noch möglich ist; das Tauziehen um SALT II und die Nachrüstung der NATO waren eine späte und nicht sehr überzeugende Reaktion des Westens auf sowjetische Rüstungsanstrengungen.

Auf diese zunächst unterschwelligen Eskalationen folgte dann der Paukenschlag der russischen Okkupation von Afghanistan. Er wischte die Ergebnisse aller einschlägigen Konferenzen der letzten Jahre vom Tisch, bestätigte die Breschnew-Doktrin als einen machtpolitischen Anspruch der Sowjetunion gegen jedermann und demonstrierte die Bereitschaft, im Kampf um das Öl sowohl gegen China als auch gegen die USA anzutreten. Die Welt hielt den Atem an. Das Gleichgewicht zwischen den Großmächten war nachhaltig gestört, ein militärischer Konflikt nicht auszuschließen. Allmählich erkannten die Völker, daß eigentlich nichts mehr so war wie vor dem Einmarsch. Die sowjetische Okkupation Afghanistans öffnete die Option für einen Stoß nach Süden bis an den Indischen Ozean und in die persisch-irakischen Ölfelder. Sie schuf gleichzeitig eine Aufmarschbasis gegen China. Der jahrhundertealte Mythos vom Khyber-Paß als dem Tor zur Beherrschung Asiens wurde plötzlich wieder Wirklichkeit. Die Politiker des Ausgleichs sahen sich einem Trümmerfeld gegenüber.

Ein Besuch in Washington im Februar 1980 zeigte das Ausmaß der Desillusionierung gegenüber 1976. Noch hatten sich die Kräfte nicht klar gruppiert, die eine neue Phase des Gleichgewichtes zu tragen in der Lage wären. Es bestand aber zunehmend Klarheit darüber, daß der alte Zustand nicht mehr wiederherstellbar sei, daß eine völlig neue Basis geschaffen werden müsse, eine Basis der Stärke und der Vernunft, wenn man nicht in eine militärische Auseinandersetzung hineinschliddern wolle. Im Gespräch mit alten Freunden bei den internationalen und amerikanischen Organisationen erörterten wir die Möglichkeiten der Stabilisierung der kritischen Räume. Ich konnte dabei auf meinen früheren Hinweisen auf die Bedeutung Afrikas fußen. Die nachfolgende Analyse habe ich als Gesprächsgrundlage benutzt und übergeben. Sie mag als eine Momentaufnahme der augenblicklichen Situation gelten, nicht als »Patentrezept«. Die Größenordnung der als Erstausstattung von mir genannten Mittel wurde allgemein akzeptiert und für realistisch gehalten.

Zwischenanalyse der heutigen Situation in Mittelost und Südafrika, Februar 1980

Kontakte vor Ort mit maßgeblichen Persönlichkeiten dieser Regionen ergeben folgende Zwischenanalyse:

1. Zwischen der islamisch-schiitischen Revolte im Iran gegen die »weiße Revolution des Schah« und dem russischen Griff nach der Ausgangsstellung in Afghanistan gegen die Ölquellen am Golf gibt es vorerst keine Koordinierung.
2. Diese kann dann schnell eintreten, wenn durch Verschlechterung der Wirtschaftslage im Iran die marxistischen Elemente die Oberhand über die Theokratie der Ayatollah gewinnen. Die COMECON-Staaten treten bereits heute als »Helfer« auf, wo westliche Lieferungen ausfallen. Der Haß gegen die USA ist dabei ein einigendes Band. Eine andere Möglichkeit wäre der Zerfall Irans in Stammesbereiche (Belutschistan) und deren Vereinigung mit Teilen Afghanistans.
3. Mit dem Würgegriff auf Afghanistan ist eine sensitive Zone zwischen der UdSSR, China, Indien, den islamischen Ländern und den USA entstanden, die einen Weltkrieg produzieren kann, zum mindesten aber ein Ringen um neue Gruppierungen auslösen wird. Das Gleichgewicht in Asien ist damit nachhaltig gestört.
4. Schwerpunkt der russischen Expansion und der amerikanischen Gegenmaßnahmen sind Saudiarabien und die Golfstaaten.
5. Saudiarabien ist als theokratisches Königreich in einer schwierigen politischen Situation: Einer geringen Bevölkerung von 9,2 Millionen, die vom Öl profitiert, steht eine hohe Zahl »Fremdarbeiter« mit teilweise überlegener Ausbildung gegenüber, die unter Inflation und Fremdenproblemen leidet und infolgedessen eine Systemänderung anstrebt. Daneben steht eine Gruppe, die die arabische Identität durch den einströmenden Reichtum bedroht sieht und eine kompromißlose Rückkehr zum Koran fordert. Eine Vereinigung beider

würde nicht nur das Königtum, sondern auch die hochgefahrene Ölproduktion schwer bedrohen.

6. Der Zusammenhalt der Arabischen Liga ist wesentlich schwächer geworden, nachdem ihre Zentrale von Kairo nach Tunis verlegt wurde. Der Weg nach Ägypten wird über den Sudan bewußt offengehalten. Zwischen Frankreich und Algerien bahnt sich ein Ausgleich an, der eventuell auch Marokko einschließen könnte.
7. Die Londoner Rhodesien-Konferenz eröffnet für den Süden Afrikas neue Perspektiven. Der Ausgleich wird von den wirtschaftlich geschwächten *Frontstaaten* (Tansania, Sambia, Angola, Mozambique) wie auch von Rhodesien selbst ernsthaft gesucht.
8. Verbunden mit der Goldhausse und dem Ingangkommen von SASOL (südafrikanische Anlagen zur Kohleverflüssigung) hat der südafrikanische Ministerpräsident Botha die Initiative für eine Zusammenarbeit der Staaten im südafrikanischen Raum eröffnet, die mit einer allmählichen Lösung der Apartheidsprobleme verbunden ist.
9. Die drastische Erhöhung der Ölpreise vergrößert das Volumen der Eurodollars in bedrohlicher Weise. Das monetäre Recycling wird zu einem immer komplizierteren Problem für Ölgläubiger und -schuldner. Es verstärkt die durch die »Realität der Mystik« im Islam virulent gewordenen Zweifel an der Zweckmäßigkeit des westlichen Wachstums. Die Furcht, daß die Inflation die Ölüberschüsse aufzehrt oder daß größere Zusammenbrüche und Insolvenzen die Überschüsse verschwinden lassen, hemmt die Förderung der arabischen Länder.
10. Mit dem Teilstopp der Getreidelieferungen an die Russen ist erstmals diese wichtige Waffe der Industrieländer des atlantischen Kräftefeldes (inklusive Australien) eingesetzt worden.

Was kann seitens der Wirtschaft zur nachhaltigen Stabilisierung der Situation im Sinne der westlichen, vornehmlich von Amerika formulierten Politik geschehen?

Das atlantische Kräftefeld kann – das militärische Gebiet ausgeklammert – auf folgenden Gebieten das Gleichgewicht gegenüber dem Osten herstellen bzw. ihm überlegen sein:

a) Bei der Lieferung technologisch hochwertiger Güter.
b) In der Beschaffung der notwendigen Finanzierung und monetären Stabilisierung der notwendigen Infrastruktur- und Rüstungsmaßnahmen in den Spannungsgebieten.
c) In der Abdeckung des Ernährungsdefizits der COMECON- und OPEC-Staaten und Chinas.

Die bisher praktizierte Entwicklungshilfe hat sich als zu schwerfällig erwiesen, um in Zukunft mit der steigenden Bevölkerungszahl und den Ölnöten dieser Länder Schritt halten zu können. Die regionale direkte Zusammenarbeit wird daher die bisherige weltweite Streuung ablösen müssen.

Nur so kann man zu rascher Schwerpunktbildung und Zusammenfassung der verschiedenen Finanzierungsformen kommen, wie sie die politische und militärische Lage erfordern.

Dabei halte ich es für wichtig, nicht nur Finanzierungskonsortien, sondern auch Lieferantenkonsortien zu bilden, eventuell gemischt mit Firmen der Empfängerländer.

Mir scheinen solche Konsortien heute nötig für Pakistan, Türkei, Indien, südliches Afrika, wahrscheinlich auch Ägypten und China. Auf diese Weise könnte man die Lieferwünsche der im Take-off befindlichen Länder wie Brasilien, Mexiko, Rhodesien am ehesten mit einbinden.

Vor etwa einem Jahr sprach ich mit dem Präsidenten einer großen US-Bank über die Frage, wieviel Geld von den USA benötigt würde, um die saudischen Zahlungen an Ägypten in etwa ablösen zu können. Er war erschreckt, als ich ihm eine Zahl von 6 bis 7 Mrd. $ nannte, und meinte, man hätte in den USA mit einigen hundert Millionen gerechnet. Heute werden Beträge von etwa 5 Mrd. $ genannt.

Dieses Beispiel zeigt, daß ein glaubhaftes Antreten des

Westens mit wirtschaftlicher Potenz gegen militärischen Machteinsatz hohe Mittel erfordert: Saudiarabien ist nur zu schützen, wenn man seine flankierenden Nachbarn Irak und den Sudan wirtschaftlich stabilisiert. Direkte Eingriffe in Saudiarabien würden sofort eine antiamerikanische arabische Reaktion auslösen. Pakistan und Indien werden beide bedient werden müssen, um sie im Gleichgewicht gegeneinander zu halten. Die Konsolidierung der Türkei ist nicht billig zu haben. Der Süden Afrikas braucht Geld für Gemeinschaftsprojekte, die einen integrierenden Effekt haben; hier liegt der entscheidende Brückenpfeiler der Erdölversorgung des Westens. Ich schätze die benötigte Erstausstattung für eine effiziente Operation des Westens auf insgesamt 50 Mrd. $. Dieser Betrag würde neben den Wirkungen vor Ort entscheidende Lieferimpulse für alle beteiligten Länder bringen. Er ist nur aufzubringen durch Zusammenfassung aller nationalen und internationalen Kapitalsammelstellen, vor allem durch ein Bündnis mit den OPEC-Ländern, um das monetäre Recycling einzubeziehen, und durch ein Bündnis mit dem Gold, das als Stabilisierungselement in das monetäre Recycling eintreten muß. Dies scheint mir ein wesentliches Moment zu sein für das Mitspielen der arabischen Seite.

Auf dem Ernährungsgebiet sollte anstelle wirkungsloser Klagen über kommende Welthungersnöte auf der einen und Butterbergen auf der anderen Seite die Sicherheit der Ernährung für alle auf der Seite des Westens stehenden Länder in den Vordergrund gestellt werden sowie die Unterstützung mit Ernährungsgütern in den kommenden Jahren für eine rasch wachsende Weltbevölkerung. Anstelle komplizierter Grenzausgleichs- und Budgetberechnungen sollte der Gedanke Raum greifen, daß ein Teil der Entwicklungshilfe unmittelbar in Lebensmitteln geleistet wird, solange die betroffenen L. D. Cs. (= least developed countries, die unterentwickelten Länder) trotz eigener Anstrengungen nicht in der Lage sind, sich selbst zu ernähren.

Ich meine auch, daß ein weiterer Ausbau des zweiten

Abkommens von *Lomé* eine zur Verwirklichung der Partnerschaft zwischen europäischen und afrikanischen Staaten wirksame Form der Entwicklungshilfe darstellt.

Ein Bündnis zwischen der
hohen Technologie des Westens,
dem Gold und der Finanzkraft
sowie den Ernährungsüberschüssen
mit sofortigem und effektivem Einsatz in den genannten Krisengebieten erscheint möglich und geeignet, den militärischen Vormarsch der Sowjets zu stoppen und das gestörte Gleichgewicht zwischen freier Welt und der russischen kolonialen Diktatur wiederherzustellen.

2. Jalta und dreißig Jahre afrikanischer Entwicklung

In Jalta beschlossen die zukünftigen Sieger über das Ende des Zweiten Weltkrieges und über die Gestaltung der Zeit danach. Churchill saß neben Stalin und Roosevelt beratend, aber nicht entscheidend, mit am Tisch. Der bisherige Kriegsverlauf hatte gezeigt, daß nur die Amerikaner und Russen in der Lage waren, die Achsenmächte niederzuringen. Die Europäer waren als Verbündete willkommen. Die Chinesen spielten noch keine Rolle. Das militärische Bild war geprägt von den konventionellen Waffen. Die Alliierten waren – wie es einer von ihnen ausdrückte – auf einer Woge von Öl zum Sieg geschwommen. Der Einsatz der Atombombe durch die Amerikaner war vorbereitet, aber noch nicht beschlossen. Die Russen wußten, wie die Spionageaffäre Fuchs später zeigte, sicherlich von diesen Vorbereitungen. Über die strategischen Konsequenzen waren sich die Beteiligten wohl nicht voll im klaren.

Stalin und die russischen Marschälle sorgten in raschem und präzisem Zugriff dafür, Faustpfänder in unmittelbarer Nähe ihres politischen und militärischen Bereiches definitiv in die Hand zu bekommen. Sie praktizierten dabei den Vorteil der »inneren Linie« sowohl in militärischer als auch in politischer und wirtschaftlicher Beziehung und erhoben aus dieser Ausgangsstellung heraus generell den Anspruch auf die Weltrevolution. Sie setzten damit die Amerikaner militärisch, wirtschaftlich und ideologisch in Verlegenheit, da sie auf diese Weise das Gesetz des Handelns ohne allzu großes Risiko an sich ziehen konnten.

Die Vereinigten Staaten versuchten demgegenüber, den umständlicheren Weg einer umfassenden, auf den »American way of life« zugeschnittenen Weltorganisation zu gehen, die demokratischen Prinzipien Rechnung tragen und mit einer neuen Weltordnung koloniale Strukturen ablösen sollte. Ihnen kam dabei ihr größeres wirtschaftliches und militärisches Potential zu Hilfe. Die Universalität des Anspruchs der amerikanischen Weltordnung brachte es jedoch mit sich, daß die Vereinigten Staaten schnell überall in der Welt in Konflikte einbezogen wurden, die ihr psychologisches Einfühlungsvermögen überforderten und an nicht entscheidenden Stellen Kräfte banden, die dann an den Schwerpunkten fehlten. Während der Marshallplan in Europa zu einem vollen Erfolg gerade auch im Sinne der Amerikaner wurde, hatte die Fehleinschätzung der chinesischen Entwicklung für die amerikanische Asienpolitik langfristig schwerwiegende Nachteile zur Folge. Ein alter, kluger amerikanischer Diplomat hat mir in den fünfziger Jahren erzählt, daß man unter dem Einfluß der amerikanischen christlichen Missionen in China zu einem an sich möglichen und von General Marshall empfohlenen Arrangement mit Mao Tse-tung nicht hatte kommen können, weil die amerikanische Öffentlichkeit in einem hier in Europa schwer vorstellbaren Maße sich für die Missionen eingesetzt habe, die von Mao des Landes verwiesen wurden.

Trotz solcher politischen Fehler und Fehlentwicklungen vollzog sich der Aufbau der Weltwirtschaft überraschend schnell. Hierfür war entscheidend das Freisetzen unternehmerischer Energien durch die Praktizierung der freien Marktwirtschaft, war entscheidend der Wille vieler junger Völker, an den Möglichkeiten des vermehrten Warenaustausches und dem dadurch bedingten Wohlstand teilzunehmen, war entscheidend der technologische Fortschritt und der damit zusammenhängende Technologietransfer aus den alten in die jungen Länder, der zur Schaffung von neuen Märkten führte.

Wo stand Afrika in dieser Phase?

Südafrikanische, marokkanische und algerische Verbände waren Gegner der deutschen Wehrmacht im Italienfeldzug. Ich habe als Generalstabsoffizier an Ort und Stelle erlebt, wie marokkanische Verbände unter dem Befehl des Generals Lattre de Tassigny einen bis dahin unpassierbaren

Höhenzug südlich von Cassino mit Panzern überquerten und im Lirital den dort kämpfenden Verbänden der 10. deutschen Panzerarmee den Fangstoß gaben. An der gleichen Front fochten südafrikanische Verbände Schulter an Schulter mit Indern und Kanadiern gegen die deutsche Wehrmacht. Auf der anderen Seite bedeutete das Auftreten des Deutschen Afrikakorps im Maghreb eine völlige Veränderung des Weltbildes vieler Araber. Und wer heute in Libyen reist, weiß, daß die Person Rommels einen ähnlichen Aktivposten für die Deutschen in diesen Gebieten noch heute bedeutet wie in Ostafrika Lettow-Vorbeck mit seiner Schutztruppe und wie die Erinnerung in Deutsch-Südwest an die deutsche Mandatsregierung vor dem Ersten Weltkrieg.

Im Feuer der Schlachten des Zweiten Weltkrieges schmolz die Weltmachtposition der klassischen großen europäischen Nationalstaaten dahin. Gleichzeitig präsentierte Europa – das Abendland – drei große Männer, die auf das politische Geschehen der Welt in der zweiten Hälfte des zwanzigsten Jahrhunderts entscheidenden Einfluß haben sollten: Churchill, de Gaulle und Adenauer.

Churchill schuf das atlantische Bündnis mit Amerika aufgrund der »special relationship« zwischen den USA und Großbritannien. Adenauer grenzte Kontinentaleuropa nach Osten ab und schuf mit de Gaulle ein neues Verhältnis Deutschland-Frankreich. De Gaulle vollbrachte die schwierigste Leistung: Gegen den Willen der Mehrheit der Franzosen setzte er den Friedensschluß mit Algerien durch und ermöglichte damit einen Neuanfang mit Afrika!

Was geschah in Afrika seit der Konferenz von Jalta?

Die Beseitigung kolonialer Strukturen war für die Amerikaner ein Äquivalent zu der kommunistischen Forderung nach der Weltrevolution und gleichzeitig eine Beruhigung des schlechten Gewissens in Fragen der schwarzen Minderheiten im eigenen Land und bei der historischen Bewältigung der Sklavenfrage. Die unmittelbar Beteiligten, nämlich die unter Kolonialherrschaft lebenden Völker, wurden nicht gefragt, ebensowenig die europäischen »Siegerstaaten« Frankreich und Großbritannien, die aus ihrer Weltmachtposition ausschieden. Die Durchführung des Befreiungsprozesses selbst blieb Sache der Betroffenen und vollzog sich in sehr unterschiedlicher Form.

In der abendländischen Geschichte gibt es drei vergleichbare Vorgänge:

1. Das Zurückdrängen der Araber aus den von ihnen besetzten Teilen Europas, insbesondere Spaniens und Portugals.
2. Der Freiheitskampf der USA gegen England.
3. Die Befreiung Süd- und Mittelamerikas von der spanischen bzw. portugiesischen Kolonialherrschaft.

Allen drei Vorgängen ist gemeinsam:

1. Die gegenseitigen kulturellen, wirtschaftlichen und politischen Befruchtungen bis zur Trennung waren sehr nachhaltig und sind auf beiden Seiten erhalten geblieben. In den amerikanischen Auseinandersetzungen hat die eine Seite stets gegen die Ausbeutung durch den Kolonialherrn polemisiert, die andere hat darauf hingewiesen, daß sie die besten Kräfte ihres Volkes für die Entwicklung des Koloniallandes eingesetzt habe.
2. Die kulturellen Bindungen und Wechselwirkungen nach der Befreiung haben sich auf einer neuen Grundlage wieder entwickelt und haben ein fruchtbares Spannungsverhältnis zwischen Alter und Neuer Welt geschaffen.

Es ist sicherlich noch zu früh, von unseren afrikanischen Freunden zu verlangen, daß sie generell eine gleiche Entwicklung für ihr Verhältnis zu den Kolonialmächten akzeptieren. Die Zeichen, daß auf diesem Wege in Zukunft fortgeschritten werden kann, sind jedoch bereits unverkennbar.

Betrachten wir nun die Entwicklung der einzelnen afrikanischen Länder:

Die arabischen Staaten hatten – begründet in ihrem geschichtlichen Verhältnis zu Europa und vor allen Dingen auch nach dem Zusammenbruch der Türkei im Ersten Weltkrieg – bereits ein sehr loses Verhältnis zu den drei europäischen Kolonialmächten England, Frankreich und

Italien. Das Erscheinen des Deutschen Afrikakorps auf afrikanischem Boden hatte hier dem Selbständigkeitsdenken stark Vorschub geleistet. Den echten Gefahrenpunkt einer großen, blutigen Auseinandersetzung bildete Algerien, da die Franzosen aufgrund der dort siedelnden »pieds noires« (französische Siedler) Algerien als einen Teil des französischen Mutterlandes betrachteten. Es ist das große historische Verdienst General de Gaulles, daß er sich zu seinen alten Kameraden in der Armee in Widerspruch gesetzt hat und den Algerienkrieg beendete. Damit hat er den Franzosen ein Blutvergießen à la Vietnam erspart, die Bindungen der französischen Kultur zwischen den beiden Ländern nicht abreißen lassen und nach dem Vernarben der Wunden des Freiheitskrieges den Zugang für eine intensive wirtschaftliche und kulturelle Zusammenarbeit dieser beiden Angrenzer des Mittelmeeres offengehalten. Als mich der damalige Directeur Général des Hauses Rothschild, Georges Pompidou, von dem ich wußte, daß er das besondere Vertrauen de Gaulles besaß, im Jahr 1957 in einem vertraulichen Gespräch in meinem Haus in Essen davon unterrichtete, daß der General sich entschlossen habe, mit Algerien Frieden zu machen und dem Land seine Selbständigkeit zurückzugeben, sagte ich ihm, daß ich dieses für einen historischen Wendepunkt in den Beziehungen Europas zu Afrika hielten, konnte allerdings meine Zweifel an der politischen Durchführbarkeit dieses Vorhabens nicht völlig unterdrücken. Diese Zweifel haben sich erfreulicherweise nicht bestätigt. Das Verhalten von General de Gaulle gegenüber den frankophonen Ländern *der Westküste* Afrikas zeigt staatsmännische Weitsicht. Die Weiterentwicklung zeigt aber auch die Stärke der gewachsenen kulturellen Bindungen zwischen diesen Gebieten und Frankreich. Ich glaube, daß man nicht übertreibt, wenn man sagt, daß Teile der ehemaligen französischen Kolonien in Westafrika zu den bestregiertesten und prosperierendsten Ländern der Dritten Welt in den sechziger Jahren zählten. Nur so ist es auch erklärlich, daß Präsident Giscard d'Estaing jetzt, in einem kritischen Moment, diesen Faden wieder aufnehmen konnte, mit seinen Stützungsaktionen in Zaire und in der Westsahara keine erheblichen Proteste hervorrief und Ende 1978 sogar dem alten Unabhängigkeitskämpfer Sékou Touré bei seinem Besuch in Guinea einen Konsultativ- und Beistandspakt zwischen Europa, sprich Frankreich, und Afrika vorschlagen konnte.

Für die Engländer war das Problem in vielen Punkten schwieriger, weil der Verbleib im Commonwealth erhalten bleiben sollte, wobei der Begriff und die Definition des Commonwealth für alle Beteiligten außerordentlich schwierig war und ist.

Das erste afrikanische Land, das sich aus diesem Verbund vollkommen löste, war Südafrika, das damit den im Jahre 1899 begonnenen Burenkrieg, in dem man ihm gegen das britische Empire niemals große Chancen eingeräumt hatte, schließlich erfolgreich beendete.

Erfolg oder Nichterfolg – die möglichst gewaltlose Überleitung hing in erster Linie von den afrikanischen Gegenspielern ab, wobei sich auch hier wieder die Erfahrung bestätigte, daß die großen Persönlichkeiten, auch wenn sie ihrer Natur nach zur Kolonialmacht kontrovers eingestellt waren, in der Lage waren, eine große Konzeption zu verwirklichen. Zu ihnen gehören Kenyatta, Kaunda, Seretse Kama, Senghor, Sékou Touré.

Die geographische und politische Einteilung Afrikas war in der Kolonialzeit sicherlich weitgehend unter Gesichtspunkten erfolgt, die häufig außerafrikanischen Erfordernissen und Gegebenheiten entsprachen. Hier sei nur erinnert an den Kampf der Franzosen und der Engländer um afrikanische Einflußgebiete (Faschoda-Abkommen 1898).

Immerhin ist der Einfluß dieser Entwicklung doch so nachhaltig gewesen, daß die Organisation der afrikanischen Einheit bzw. die darin zusammengeschlossenen Staaten im Grundsatz bestrebt waren und sind, die vorgegebenen Grenzen zu erhalten, eine Entscheidung, die sicherlich weitgehend vom eigenen Interesse dieser Staaten diktiert, aber im Prinzip für die Bevölkerung wohl richtig war.

Zwei große Gestalten Nachkriegsafrikas, Abd el Nasser und Kwame Nkrumah, haben versucht, im Zuge der Entkolonialisierung ein großarabisches und ein großes schwarzes Reich in Afrika zu begründen. Beide sind gescheitert; ihre Gefolgsleute dachten in regionalen und Stammesüberlegungen, nicht in großen Konzeptionen. Die Epoche nach den zwei großen Weltkriegen war kein Nährboden für Reichsgründungen. Dort, wo Änderungen der bestehenden Strukturen gewaltsam versucht wurden, gab es *Genozid* und sehr hohe Blutopfer, z. B. in Katanga und Biafra.

Im allgemeinen vollzog sich der Prozeß der Dekolonialisation, einmal eingeleitet, schnell. Er ist seit langem abgeschlossen. Die großen alten Männer der ersten Stunde – wie Jomo Kenyatta – konnten ihr Werk vollenden.

Die jungen, neuformierten Staaten sahen sich plötzlich und meistens ohne Übergang in eine internationale Umgebung hineingestellt, deren Probleme bisher von den »Schutzmächten« stellvertretend – wenn auch nicht immer im Sinne der Schutzbefohlenen – erledigt worden waren.

Die blutigen Wirren im Kongo in der ersten Hälfte der sechziger Jahre demonstrieren die Gefahr des politischen Vakuums, das fremde Kräfte auszufüllen versuchen.

Die Probleme, die Afrika heute bewegen, sind nicht Probleme der Befreiung, sondern sind Probleme der zukünftigen Konzeption, sind Probleme des Selbstverständnisses und der Identität eines vielgestaltigen Kontinents. Dazu gehört die Frage, dieses befreite Afrika vor der Rekolonialisierung durch andere Kräfte als den bisherigen Kolonialmächten zu bewahren. Die Verpflichtung der Freunde Afrikas ist, nicht ein Schuldbewußtsein zu demonstrieren, das irgendwie angesichts der historischen Entwicklung verbogen und verlogen wirkt, sondern ein gemeinsames Konzept zu erarbeiten, das unter veränderten weltwirtschaftlichen Aspekten den Völkern des afrikanischen Kontinents die Chance bietet, ihren Platz in einer sich entwikkelnden, nicht am Reißbrett konstruierten zukünftigen Weltwirtschaft einzunehmen, eine Rolle, die dem Bevölkerungswachstum und den gemeinsam zu erschließenden Reichtümern des Kontinents Rechnung trägt.

Nachdem die »Uhuru«–Rufe (Uhuru = Freiheit) verhallt sind und der größte Teil der kolonialen Länder in die Unabhängigkeit entlassen worden war, machte sich eine unterschiedliche Entwicklung bemerkbar. Erste Einwirkungen von außen traten ein. Während die Europäer im wesentlichen eine auf allmählichen Rückzug bedachte Wirtschaftspolitik betrieben, entwickelte die Weltbank mit ihren Organisationen ein Programm der wirtschaftlichen Hilfe, wobei landwirtschaftliche und energiewirtschaftliche Projekte im Vordergrund standen, entwickelten die Russen ein vorwiegend militärisch orientiertes Programm in den an Afrika angrenzenden Nahostgebieten und in Algerien und Libyen. Auch die Chinesen traten mit einem Bahnprojekt in Tansania in Erscheinung.

Diese Vorgänge hatten mit den alten Kolonialmächten nichts mehr zu tun. Diese Periode war abgeschlossen. Allerdings blieb es den Kolonialmächten vorbehalten, durch politische und militärische Fehler – wie das Suez-Abenteuer – einen scheinbaren Zusammenhang zwischen Alt- und Neukolonialismus wiederherzustellen und den Sowjets eine willkommene Gelegenheit zu geben, die Kolonialmächte wegen ihrer erneuten Angriffe anzuprangern. Daß die Amerikaner durch ihre Fehlentscheidung hinsichtlich der Finanzierung des Assuan-Staudammes hieran ein gerüttelt Maß an Schuld trugen, sei am Rande vermerkt. Man mag über den wirtschaftlichen Nutzen des Assuan-Staudammes geteilter Meinung sein. Hier war aber eine Gelegenheit, den jungen Ländern zu zeigen, daß man für ihre Probleme Verständnis hatte. Wir liefen jedoch bei den konservativen Finanzleuten, geführt von dem liebenswürdigen E. Black von der Weltbank, gegen eine Mauer des Unverständnisses. Daß die Russen dann die ägyptische Baumwolle *als zweiten Schritt* kauften – ihr erster Schritt war die Finanzierung des Assuan-Staudammes –, registrierte der Westen mit Staunen. Ich habe versucht, die damaligen negativen Erfahrungen im vergangenen Jahr in

Washington in Erinnerung zu bringen, wie ich hoffe, mit etwas Erfolg.

Unzulängliche Verwaltungsstrukturen und Unsicherheit über die einzuschlagenden wirtschaftlichen Wege führten letzten Endes dazu, daß die afrikanischen Staaten immer stärker in die Hände von autoritären Regimen gerieten, die bemüht waren, für die einzelnen Länder das Beste aus der bestehenden Situation zu machen. Den Kolonialismus als den Buhmann aufzubauen, der überwunden werden müsse, schien die billigste Lösung und wurde sowohl von Amerika als auch von der Sowjetunion voll unterstützt.

Mit der Bildung der OPEC, an der vom afrikanischen Territorium Libyen, Algerien und Nigeria beteiligt waren, bildeten sich in Afrika von der wirtschaftlichen Entwicklung her drei Bereiche heraus, die über den Kontinent verteilt waren:

1. Der arabische Bereich des Maghreb, der, gestützt auf die Öleinnahmen, in Zusammenarbeit mit den OECD-Staaten eine großzügige Industrialisierungspolitik betrieb und betreiben konnte.
2. Die Länder, welche auf die Zusammenarbeit mit den europäischen ehemaligen Kolonialmächten unter voller Wahrung ihrer Selbständigkeit setzten. Es waren dies in erster Linie die frankophonen Länder und Kenya.
3. Der Süden Afrikas, der auf eine eigenständige Entwicklung der »weißen« Afrikaner setzte, der mit der Politik der getrennten Entwicklung eine neue Form der Zusammenarbeit mit den schwarzen Afrikanern anstrebte und die »Frontstaaten« für dieses Projekt gewinnen wollte.

Die verspätete Lösung der portugiesischen überseeischen Provinzen aus dem portugiesischen Staatsverband – verbunden mit amerikanischer Schwäche, resultierend aus dem Watergateschock – gab den Sowjets die Chance, über Stellvertreter – die Kubaner – sich einen militärischen Stützpunkt innerhalb der afrikanischen Auseinandersetzung zu schaffen. Der Vorwurf, daß die Amerikaner bis zu diesem entscheidenden Zeitpunkt Afrikapolitik mit der linken Hand betrieben haben, trifft zu. Amerika hat es unterlassen, ein Konzept für das atlantische Kräftefeld aus seiner Sicht aufzubauen. Hierunter hat lange die Entwicklung in Südamerika, aber in ganz besonderem Maße die in Afrika zu leiden gehabt.

Zwei wesentliche Komponenten der amerikanischen Afrikapolitik waren:

Einmal das schlechte Gewissen gegenüber den Schwarzen aus der nicht bewältigten Schwarzenfrage in den Vereinigten Staaten, wie es in der amerikanischen Literatur in »Onkel Toms Hütte« und in »Roots« zum Ausdruck gebracht wird.

Zum anderen die innenpolitische Notwendigkeit, vor allem der demokratischen regierenden Partei und des von ihr gestellten Präsidenten, auf das schwarze Wählerpotential, das zwar nur eine Minderheit darstellt, aber für den demokratischen Wahlsieg entscheidend war, Rücksicht zu nehmen.

Diese Schwachstelle der amerikanischen Afrikapolitik hatten die Sowjets genau analysiert und spielten deswegen die kubanische Karte sowohl in den ehemals portugiesischen Besitzungen als auch am Horn von Afrika aus.

Das Jahr 1973 markiert mit dem Ölembargo der OPEC-Länder den Beginn des Zerfalls der in Jalta etablierten Weltordnung. Mit Ägypten und den afrikanischen OPEC-Ländern im Maghreb und in Nigeria greifen erstmals afrikanische Länder entscheidend in das große Weltgeschehen ein.

Die Lösung des Dollars vom Goldstandard, das Absinken seines Kurswertes in den kommenden Jahren und das Anschwellen der Eurodollars – letztere Entwicklung ist nicht erst durch die OPEC-Sanktionen, sondern durch die amerikanischen Rüstungsausgaben im Vietnamkrieg eingeleitet worden – untergraben die Grundlagen von Bretton Woods, den wirtschaftlichen Teil des Jalta-Agreements.

Es sah eine Zeitlang so aus, als ob es ideologischen Kräften, vornehmlich aus der Dritten Welt und dem marxistischen Lager, gelingen könnte, eine neue, umfassende Weltordnung zu konstruieren, die, gestützt auf die

Vereinten Nationen, eine Umverteilung der Weltressourcen vornehmen könnte. Binnen kurzer Zeit stellte sich heraus, daß dieser Versuch zum Scheitern verurteilt war, und zwar aus folgenden Gründen:

1. Die Interessen der Entwicklungsländer sind zu unterschiedlich.
2. Der Ostblock, insbesondere die Sowjetunion, hat kein Interesse daran, bei einem derartigen Versuch mitzuspielen.
3. Die Steigerung der Ölpreise und die damit parallellaufende Dollarabwertung verschlechterten die handelspolitische Position der nichtölbesitzenden Entwicklungsländer schneller, als der Ressourcentransfer einsetzen konnte.
4. Den unterentwickelten Ländern (last developed countries = LDCs) fehlte es sowohl an infrastrukturellen als auch an menschlichen und willensmäßigen Voraussetzungen, um bei einem derartig ehrgeizigen Vorhaben entsprechende Eigenleistungen zu erbringen.

Die Weltbank hat in dem per September 1978 erstatteten Bericht des Präsidenten verklausuliert auf diese Entwicklung hingewiesen. Er wird ergänzt durch die Feststellung des Präsidenten der FAO (Welternährungsorganisation), daß die von Unterernährung bedrohten Entwicklungsländer nicht das erforderliche Interesse am Ausbau ihrer Agrarstruktur zeigen, sondern die ihnen angebotenen Hilfen lieber für industrielle Projekte einsetzen.

Hand in Hand mit der Blockierung einer generellen Wirtschaftsordnung geht die politische Schwächung der Vereinten Nationen, die ihre Einwirkungs- und Gestaltungsmöglichkeiten in den letzten Jahren offensichtlich überschätzt haben und nunmehr entsprechende Einbußen hinnehmen mußten.

So sahen sich die Staaten Afrikas nach der politischen Beendigung des Kolonialstatus einer zunehmenden Anzahl von Konflikten gegenüber, die sich aus neuen Beeinflussungsversuchen ergaben. Erwähnt seien hier nur der Nahostkonflikt, in den Ägypten in hohem Maß verwickelt ist und der auf den Maghreb und den Sudan ausstrahlt; der Konflikt um die Westsahara und Mauretanien; der Konflikt um Zaire und die große Auseinandersetzung im südlichen Afrika. Den Vereinten Nationen ist es bei keinem der Konfliktfälle gelungen, erfolgreich zu vermitteln. Im Gegenteil, ihr Eingreifen hat, speziell im südlichen Afrika, die Gefahr blutiger Auseinandersetzungen näher gebracht. Die von den Vereinten Nationen verhängten wirtschaftlichen Sanktionen gegen Rhodesien und Teilsanktionen gegen Südafrika haben sich, wie dies in der Geschichte sich fast immer wiederholt hat, nicht nur als wirkungslos erwiesen, sondern haben diejenigen getroffen, zu deren Schutz sie mit erdacht waren. Es ist heute wohl unbestritten, daß diese Sanktionen eine gleichgewichtige Entwicklung im Süden Afrikas entscheidend gehemmt haben; sie haben aber wahrscheinlich den Durchhaltewillen Südafrikas und Rhodesiens und deren Solidarität einschließlich der mit ihnen verbundenen schwarzen Bevölkerungsteile gestärkt.

Ein politisches Phänomen, das zur Zeit weltweit wirkt, ist die Tendenz zur Regionalisierung. Nicht die Gründung von Weltreichen oder gar e i n e r Weltregierung ist, im Gegensatz zur Meinung vieler Philosophen und Friedensforscher, das Anliegen der Menschheit. Fast überall machen sich Regionalisierungstendenzen bemerkbar. Die Aufstände der IRA, die Unabhängigkeitsbewegung in Schottland, die französischen Separatisten in Kanada, die Unbotmäßigkeit Kaliforniens gegenüber Washington, die Autonomieforderung der Basken in Spanien entstammen alle einem regionalen Selbständigkeitsbedürfnis des heutigen Menschen, das nicht immer rationell ist, das aber als Faktum registriert werden muß.

Diesen Autonomiebestrebungen steht die Bereitschaft gegenüber, bestimmte, vor allen Dingen wirtschaftliche Rechte an politische Verbände und überstaatliche Organisationen abzutreten, wenn dies die wirtschaftliche Einsicht erfordert.

In diesem politischen Klima wurde der Friedensvertrag

zwischen China und Japan geschlossen; kurz danach erfolgte das amerikanisch-chinesische Abkommen über den Austausch von Botschaften zur Wiederherstellung normaler diplomatischer Beziehungen.

Gleichzeitig wurde erstens, praktisch ohne Mitwirkung der Vereinten Nationen, zwischen Israel und Ägypten über einen Friedensschluß im Nahen Osten verhandelt und setzte zweitens die Wahl in Namibia, die auch praktisch gegen den Willen der Vereinten Nationen erfolgte, wesentliche Zeichen für politische regionale Neuordnungen. Auch zur fair durchgeführten Wahl in Rhodesien-Zimbabwe konnten die Vereinten Nationen keinen Beitrag leisten.

Man sollte das Ende der Epoche von Jalta, wie man diesen Nachkriegsabschnitt international betrachten muß, nicht dramatisieren. Man sollte aber erkennen, daß er zu Ende ist, weil sich die Bedingungen grundsätzlich geändert haben.

Zu einem Zeitpunkt, zu dem die internationale Lage gespannt ist und die Welt sich anschickt, ein neues Kapitel sowohl auf wirtschaftlichem als auch auf politischem Gebiet zu beginnen, sehen sich die afrikanischen Staaten vor die Frage gestellt, wie sie ihre Politik untereinander einrichten und wie sie in den größeren historischen Entwicklungen weiterprozedieren wollen und können.

Im nachstehenden sollen die Optionen des afrikanischen Kontinents untersucht werden.

3. Stämme und Nationalstaaten

Der afrikanische Kontinent gliedert sich an die große Festlandmasse von Asien und Europa an. Er ist nicht in gleichem Ausmaß wie die beiden über Land verbunden, sondern nur durch zwei Brücken: den Sinai und die Meerenge von Gibraltar. Die drei Meere, die ihn umgeben, öffnen gleichzeitig die Verbindung zu den anderen Kontinenten: das Mittelmeer vornehmlich nach Europa und Asien, der Atlantische Ozean nach Amerika und der Indische Ozean nach Asien und weiter nach der Westküste Amerikas. Wenn der Ausspruch eines amerikanischen Diplomaten um die letzte Jahrhundertwende zutreffend ist, ist das Mittelmeer der Ozean der Vergangenheit, der Atlantik der Ozean der Gegenwart, der Pazifik der Ozean der Zukunft. So ist Afrika mit diesen drei Zeiträumen gut verbunden. Ich meine aber, man muß diesen Ausspruch so verstehen, daß das Mittelmeer das älteste, der Atlantik wahrscheinlich das aktuelle und der Pazifik das neu in die Geschichte eintretende Meer als verbindendes Element ist.

In den hinter uns liegenden Jahrhunderten war die Randlage Afrikas auch kennzeichnend für die Begegnung vieler Völker. Während die dem Mittelmeer zugewandte Nordküste früh in die Geschichte eintritt, besonders von Ägypten wesentliche Impulse für die europäische Geschichte ausgingen, bleibt der Großteil des Kontinents länger im geschichtlichen Dunkel. Trotz schwieriger Kommunikationsmöglichkeiten wissen wir auch einiges über die indischen und chinesischen Verhältnisse der vergangenen Jahrhunderte. Über das, was sich im afrikanischen Hochland des Südens – südlich des Kongo etwa – abgespielt hat, können wir im Grunde nur Vermutungen anstellen. Die

Araber, die seit einem Jahrtausend die geschichtliche Entwicklung mit den Völkern Europas teilen, sind zwar tief in die schwarzen Länder hineingestoßen, haben aber wenig Kunde über diese Länder mitgebracht. Die von ihnen nach Westeuropa und vor allen Dingen nach Amerika gebrachten schwarzen Sklaven haben keine wesentlichen Nachrichten über ihr eigenes Volkstum mit herübergebracht. Auch die Entwicklung der Seefahrt in den Entdeckerzeiten hat nur Kenntnis der Küstenbereiche nach Europa gebracht und hat auch nur zur Besiedlung von mehr oder weniger menschenleeren Gebieten, beispielsweise im Süden, geführt. Erst im vorigen Jahrhundert gelang es weitgehend, die weißen Flecken auf der Karte Afrikas zu erkunden. Die Verbindungen innerhalb des Kontinents, vor allem von Norden nach Süden, blieben spärlich. Der Traum der Kap-Kairo-Bahn des Cecil Rhodes erfüllte sich nicht. Pläne für einen transkontinentalen Kraftfahrzeugverkehr nehmen erst heute allmählich Formen an und werden wahrscheinlich noch ziemlich lange in den Bereich der Phantasie gehören.

Die mehr als vierhundert Millionen Menschen des afrikanischen Kontinents haben niemals – weder heute noch in der Vergangenheit – einen oder mehrere Mittelpunkte gehabt, die über den Kontinent ausstrahlen und vergleichbar wären mit New York, London, Byzanz, Tokio oder Singapur in anderen Erdteilen. Die Völker des Maghreb blieben auf die gegenüberliegenden Küsten oder, in der Zeit der arabischen Herrschaft, auf Mekka und Istanbul fixiert. In Zentralafrika und im südlichen Afrika blieb die Stammesgliederung vorherrschend, wenn es auch vorübergehend einzelnen starken Fürsten gelang, mehrere Stämme zu einem einheitlichen Gebilde zusammenzufügen. Afrika ist der einzige Erdteil, in dem sich im flächenmäßig überwiegenden Teil des Landes die Stammesordnung bis in das technische Zeitalter hinein erhalten hat. Die Kolonialmächte haben – im Gegensatz etwa zur Besiedlung Südamerikas – die Stammesordnungen im großen und ganzen geschont und sie für ihre eigenen Ordnungszwecke genutzt. Das galt bereits vorher für die von den Arabern unterworfenen nördlichen Randzonen. Auch diese haben sich nicht bemüht, die Stammesordnungen zu zerbrechen.

Die beginnende Industrialisierung traf im vorigen Jahrhundert in Afrika auf zwei neue Elemente: erstens auf die Lebensformen des Islams im nördlichen Teil Afrikas und in Asien und zweitens auf die Stammesordnungen in Zentralafrika und im südlichen Afrika.

Der im Gefolge der Industrialisierung auftretende Marxismus sah sich hier völlig neuen Problemen gegenüber. In einem geschickten Etikettenschwindel hat man es dort verstanden, die in allen Industriegesellschaften gegebenen sozialen Auseinandersetzungen in ein Rassenproblem umzumünzen und damit zusätzliche Sentiments, einmal bei den umittelbar betroffenen, zum anderen aber auch bei den unbeteiligten Ländern der dritten Welt zu erwecken. Auch die Kirchen, insbesondere die protestantischen, sind zu großen Teilen auf diesen Schwindel hereingefallen. Die Unkenntnis über diese in der Welt einmaligen Umstände vor Ort und die Leichtgläubigkeit der Intelligenz im Westen haben diese Täuschung möglich gemacht, die eine Quelle politischer Fehlentscheidungen und wirtschaftlicher Fehlgriffe zu Lasten der betroffenen Völker geworden ist.

Der Marxismus muß darauf bedacht sein, sowohl die stammesmäßigen Bindungen als auch die religiöse Verbundenheit etwa des Islams niederzuwalzen, um anstelle des Zerstörten seine gesellschaftlichen Ideale zu setzen. Die letzten dreißig Jahre haben an vielen Stellen der Welt gezeigt, daß mit diesen Lebensformen weder ein wirtschaftlicher noch ein sozialer Fortschritt verbunden ist. Alle Staaten Afrikas, die sich dem totalitären Marxismus ergeben haben, haben zunächst ein rapides Absinken des Lebensstandards – Hungerkatastrophen und zum Teil blutige Bürgerkriege, verbunden mit Genozid – in Kauf nehmen müssen.

Auch die Länder, die sich zu einer vorsichtigen Weiterentwicklung vorhandener Verhältnisse entschieden haben, standen und stehen vor den mit der Industrialisierung verbundenen Problemen, beispielsweise der Flucht der Landbevölkerung in die Städte. Das gilt für Kairo, Lagos und Johannesburg in gleicher Weise.

Die Fortschrittsgläubigen der jungen Intelligenz aus den afrikanischen Ländern sehen in der Situation insbesondere Schwarzafrikas ein Zeichen von Rückständigkeit, die man so schnell wie möglich beseitigen bzw. dem Status der Industrieländer angleichen müsse. Dabei spielen auch persönliche Überlegungen, bei einem Umsturz der bestehenden Ordnung selber nach oben zu kommen, eine entscheidende Rolle. Man sollte die Frage stellen, ob eine solche überstürzte Angleichung von Vorteil ist und ob man nicht besser im Lande verfestigte Ordnungen nutzen soll, die man allmählich in ein neues, dem Lande angemessenes Wachstum überführen kann.

Nicht vergessen werden sollte bei diesen Überlegungen, daß die Randlage Afrikas sich wirtschaftspolitisch, vor allen Dingen auch im Hinblick auf die großen ungehobenen Reichtümer des Kontinents, zu einem strategischen Vorteil entwickelt hat, den man aber zu verteidigen bereit sein muß, wenn er nicht dem Zugriff neuer Kolonialisatoren anheimfallen soll.

4. Der Islam, das Öl und die USA

Die Araber werden ihrem Herkommen und ihrer Geschichte nach dem asiatischen Kontinent zugerechnet. Ihre Heimat ist die arabische Halbinsel, jene Scheide zwischen Asien und Afrika; die Berührung der Kultur des Westens mit der der Araber fand jedoch über Afrika statt. Die Araber, über Afrika kommend, hatten Teile des südlichen Europas – Spanien, Portugal, Frankreich und Sizilien – besetzt. Hier erfolgte der kriegerische Zusammenstoß, zugleich aber ein reger kultureller und für die damaligen Verhältnisse auch lebhafter wirtschaftlicher Austausch. Der Islam und die beweglichen arabischen Reiterheere brachten im Lauf der Jahrhunderte weite Teile Afrikas unter die grüne Fahne des Propheten. In flexiblen staatlichen Strukturen beherrschten die Araber den Raum vom heutigen südöstlichen Rußland bis zum Äquator in Afrika. Ihr Reich bildete den politischen Sperriegel, der das christliche Europa von der Welt des Ostens schied. Gleichzeitig waren sie die kommerziellen Vermittler zwischen Europa und den Ländern des Fernen Ostens, vor allem Indien und China. Dieser Sperriegel veranlaßte letzten Endes Portugiesen und Spanier, den Weg nach Indien im Westen statt im Osten zu suchen, was zur Entdeckung Amerikas führte. Zahlenmäßig waren die Araber dieser Aufgabe der Beherrschung eines so großen Raumes kaum gewachsen, auch wenn man die überlegene militärische Qualität und Ausbildung ihrer Reiterheere in Rechnung stellt. Ihre Herrschaft beruhte auf der geistigen und religiösen Kraft des Islams, die immer wieder neue Gebiete und Völkerschaften durchdrang und dem arabischen Einfluß zugänglich machte, gleichzeitig aber tolerant war und den unterworfenen Völkern ein begrenztes kulturelles und religiöses Eigenleben erlaubte.

Der Zusammenstoß mit dem christlichen Abendland in Spanien und Frankreich steckte die Grenzen zwischen den beiden Bereichen im großen für Jahrhunderte ab, wenn auch jeder der Partner immer wieder versuchte, diese Grenzen zu seinen Gunsten zu verschieben. Auf der anderen Seite wuchs aus dem arabisch-europäischen Spannungsfeld jene Kultur, die wir als Humanismus bezeichnen und aus der unsere abendländische Welt noch heute lebt und bestimmt wird.

In der während und nach den beiden Weltkriegen einsetzenden Neuordnung im Nahen und Mittleren Osten sowie im Norden Afrikas zeichnete sich ein neues Phänomen des Islams ab: seine besondere Widerstandsfähigkeit gegenüber den Ideen des Kommunismus und Marxismus, auch in einer sich auf die Industrialisierung hin wandelnden Welt. Die zunächst erfolgreich erscheinende Offensive der marxistischen, von Rußland geleiteten weltrevolutionären Ideen führte in allen arabischen Ländern – von Marokko bis Indonesien – nach anfänglich taktischem gemeinsamem Vorgehen und Übereinstimmung auf harten Widerstand und führte zu überraschenden Mißerfolgen für die Sowjets. Die geistige, schwer zu definierende, abstoßende Kraft des Islams schien auch gegenüber den Erscheinungen der Neuzeit, vor allen Dingen auch der Technologie und den pluralistischen Vorstellungen gegenüber, ungebrochen. Den atemberaubenden Beweis dieser Unkalkulierbarkeit liefern die jüngsten Vorgänge im Iran, wo sich die Bevölkerung gegen die »weiße Revolution« des Schahs mit noch viel größerer Vehemenz auflehnt, als dies bisher gegenüber roten Umarmungsversuchen der Sowjets der Fall war.

In Afrika hat sich der Islam in den letzten Jahrhunderten, unbeschadet der Kolonialisierungsbemühungen der Europäer, konsequent von Norden nach Süden ausgebreitet. Er ist wahrscheinlich heute in Gesamtafrika das stärkste geistige Element überhaupt, wenn man davon ausgeht, daß der Islam seine Anhänger sehr viel stärker fordert, als dies beispielsweise das Christentum tut, und das gesamte öffentliche und soziale Leben unauffällig durchdringt.

Die wachsende Bedeutung des Erdöls in den Jahren nach dem Ersten Weltkrieg fügte der geistigen Komponente eine entscheidende wirtschaftliche hinzu, da die Erdölquellen Asiens und Afrikas in überwiegend islamischen Ländern liegen.

Die OPEC ist eine vorwiegend von arabischen Persönlichkeiten und Ideen geprägte Organisation. Aus einer Waffe, die ursprünglich für die unmittelbare Auseinandersetzung in dem Konflikt mit Israel gedacht war, entwickelte sich ein Instrumentarium, das für die wirtschaftlichen und monetären Beziehungen zwischen den industriellen Staaten und der arabischen Staatengruppe, aber auch der Welt der Entwicklungsländer von ausschlaggebender Bedeutung wurde. Die verantwortungsbewußte und kluge Handhabung dieses Instrumentariums und der damit verbundenen Geldmittel durch die arabischen Staaten hat das internationale Gewicht dieser Organisation laufend verstärkt.

Für das Verhältnis Europa–Afrika ist die Tatsache, daß im mediterranen Bereich zwei große öl- und gasfündige Länder – Algerien und Libyen – liegen, von besonderem Interesse. Die Assoziierung mediterraner Staaten in die Europäische Gemeinschaft unterstreicht dies, und es ist anzunehmen, daß dem alten Kapitel der europäisch-arabischen Beziehungen, das sich durch das letzte Jahrtausend hindurchzieht, nunmehr ein neues, wesentliches Kapitel der beiderseitigen Beziehungen angefügt werden wird. Dabei wird das Öl, so wichtig es im Augenblick ist, nicht die allein ausschlaggebende Rolle spielen – schon im Hinblick darauf, daß es nur für eine begrenzte Zeit fließen wird –, sondern Europa und die arabischen Länder sollten sich immer dessen bewußt sein, daß der Islam im Verhältnis der beiden Bereiche stets eine besondere Rolle gespielt hat und sicherlich auch in Zukunft für die Beziehungen der beiden Bereiche zueinander spielen wird. Zum Islam bekennen sich über siebenhundert Millionen Menschen, vornehmlich in Asien und Afrika, die quer über die politischen Landesgrenzen von Marokko bzw. Nigeria bis Indonesien leben.

Ursache für die Spannungen beim Erdöl ist die Entwicklung des Energiemarktes in den USA. Ein Blick über den Atlantik ist zum Verständnis der Situation der OPEC-Länder notwendig. Die Energiepolitik der USA ist für einen Außenstehenden sehr schwer verständlich.

So wie früher der Brotpreis als ein politischer Preis angesehen wurde, dessen Veränderungen nach oben für die Regierenden die Gefahr von Revolutionen einschloß, so ist wohl heute der Öl- und Gaspreis zu einem ähnlichen Politikum in den Vereinigten Staaten geworden. Wahrscheinlich ist keine Regierung in der Lage, dem amerikanischen Staatsbürger in Friedenszeiten echte Energieeinsparungen zu verordnen oder den Preis so anzuheben, daß ein Sparerfolg auf diesem Weg eintritt. In den USA hatte immer eine gewisse Scheu bestanden, die eigenen Ölquellen radikal anzuzapfen, weil man an die Möglichkeit glaubte, diese für besondere Kriegs- und Notfälle aufheben zu müssen. Die Erfahrung zweier Weltkriege hat außerdem gezeigt, daß die Vereinigten Staaten und ihre Verbündeten in der Lage waren, die Woge von Öl, »auf der man zum Sieg schwamm«, militärisch zu sichern, so daß niemals nennenswerte Ölknappheit in beiden Kriegen eingetreten ist. Die allmähliche Enteignung der amerikanischen Ölgesellschaften im Mittleren und Nahen Osten und an anderen Stellen der Welt löste zwar einige Überlegungen aus. So entsinne ich mich eines Gesprächs zwischen Vertretern der amerikanischen und deutschen industriellen Spitzenorganisationen in New York im Hause Morgan Anfang der siebziger Jahre, in dem über das arabische Übergewicht gesprochen wurde und wo der Vortrag eines amerikanischen Bankers in der Fragestellung mündete: »Would you one day like to report about your business to a sheik?« Es folgten daraus jedoch keine wesentlichen sachlichen Konsequenzen, es sei denn die Inangriffnahme der Alaska-Pipeline, deren Wert nicht unbestritten ist. Die Sicherung der Zufuhren vom Persischen Golf und der Fahrt um das Kap wurde trotz der wachsenden Präsenz der russischen Marine auf den Weltmeeren nicht ganz ernst genommen, weil man in Amerika glaubte, auf nigerianisches, indonesisches und südamerikanisches Öl zurückgreifen zu können. Daß sich aus der Ölpreiserhöhung durch die OPEC im Jahr 1973 – zu einem Zeitpunkt, zu dem die wirtschaftlichen Folgen des Vietnamkrieges auch für Amerika sichtbar wurden – erhebliche Probleme für die amerikanische Zahlungsbilanz ergeben könnten, hat keiner vorausgesehen bzw. ist in den »Szenarios« der zuständigen Wirtschaftsressorts wohl nie ernsthaft erörtert worden. G. William Miller, Chairman des Board of Governors of the Federal Reserve System, hat in einem am 12. Dezember 1978 in Frankfurt gehaltenen Vortrag mit geradezu entwaffnender Einfachheit und Klarheit die amerikanischen Energieaspekte aus der Sicht eines Amerikaners dargestellt:

»*Fragen der Energie.* Einer der Faktoren, die zu unserem Handelsdefizit und infolgedessen zu unserem gegenwärtigen Rechnungsdefizit beitragen, war der Bedarf der USA an importiertem Öl. Das Problem rührt aus der Geschichte her. Lange Zeit war Amerika ein weiter, dünnbesiedelter Kontinent mit scheinbar unerschöpflichen Vorräten an kostengünstiger Energie. Eine große Industrienation entstand teilweise durch Nutzung billiger Energie, mitunter als Ersatz für Kapital und Arbeitskräfte.

Aber im Laufe der Zeit wurde bei stetig wachsendem Bedarf die nicht uneingeschränkte Verfügbarkeit der Versorgungsquellen zur Realität. Nun werden die Vereinigten Staaten eine Reihe von Jahren damit beschäftigt sein, ihre Industrieanlagen, Transporteinrichtungen, Wohnstätten und Handelsunternehmungen im Einklang mit anderen Industrienationen, die über keine eigenen Quellen billiger Energie verfügen, energiebewußter zu gestalten. Und die Vereinigten Staaten werden in wachsendem Maße auf Alternativquellen einheimischer Brennstoffe umsteigen.

Da die Vereinigten Staaten ein heterogenes Land mit vielen regionalen Unterschieden zwischen Energieerzeugern und -verbrauchern sind, ist es besonders schwierig gewesen, eine nationale Energiepolitik auszuarbeiten.«

Für einen Ausländer ist vor allen Dingen der Wirrwarr um die Energiegesetzgebung des 95. Kongresses kaum verständlich. Wahrscheinlich muß man aber die ganze Entwicklung vor folgendem Hintergrund sehen:

Die Prospektierungen mit modernen Mitteln der letzten zwanzig Jahre haben rings um die Vereinigten Staaten, das heißt in Mexiko und in Kanada, Öl- und Gasvorkommen festgestellt bzw. nach konservativen Berechnungen vermuten lassen, die langfristig eine Umkehrung der amerikanischen Ölpolitik möglich erscheinen lassen. So kann heute auch unter konservativen Gesichtspunkten angenommen werden, daß der Ölvorrat Mexikos wahrscheinlich genauso groß ist wie der Saudiarabiens. Die konkret festgestellten Vorräte zeigen bereits erhebliche Mengen an.

Eine große Rolle spielen in diesem Zusammenhang auch die großen Erdgasvorkommen in Mexiko und Kanada. Hinzu kommt die geographische Lage Mexikos, die im Gegensatz etwa zum Alaskaöl der notwendigen Versorgung des amerikanischen Südens und Ostens entgegenkommt. Ich lasse einige Eindrücke von meiner Reise im Oktober 1978 nach den USA und Kanada folgen:

»In der Energiegesetzgebung, die Carter seinerzeit als das Herzstück seiner wirtschaftlichen Gesetzgebung bezeichnet hat, läßt sich etwa folgendes feststellen: Die Administration hat Einzelerfolge bei der Gesetzgebung erzielt. Der Grundgedanke der Energieeinsparung ist wahrscheinlich auf der Strecke geblieben. Beim Bonner Gipfel hat Carter angedeutet, daß er den Umfang der US-Ölimporte, der zur Zeit 8,7 Millionen Barrels täglich beträgt, um 2,5 Millionen verringern wolle, wobei der Zeitpunkt, zu dem das geschehen sein sollte, wohlweislich offenblieb. Schlesinger hat jetzt erklärt, die 8,7 Millionen würden auf 10 Millionen Barrels pro Tag ansteigen. Dies führe in der ersten Hälfte der achtziger Jahre zu einer Energiekrise, wenn nicht andere Maßnahmen Platz greifen würden. Damit sind die Möglichkeiten, die Öl- und Gasreserven Kanadas und Mexikos stärker zu nutzen, in den Mittelpunkt handfester, sachlicher Überlegungen gerückt. In Mexiko sind 20 Milliarden Barrels gesichert, weitere 37 Milliarden gelten als wahrscheinlich, insgesamt 200 Milliarden als möglich. Diese Überlegungen, die sich mehr auf der konservativen Seite bewegen, rücken Mexiko hinsichtlich der Ölreserven auf den gleichen Platz wie Saudiarabien. Nimmt man die Öl- und Gasreserven von Kanada dazu, die zu 80 Prozent im Raum von Alberta (Calgary) konzentriert sind, so könnte die Versorgung des nordamerikanischen Raumes grenznah über die nächsten Jahrzehnte gesichert werden, vor allen Dingen dann, wenn gleichzeitig der weitere Ausbau der nordamerikanischen Kohlegewinnung im Zusammenhang mit der Petrochemie erfolgt. Dies gibt dem Ausbau der Kernenergie im amerikanischen Bereich einen wesentlich niedrigeren Dringlichkeitsgrad als in Europa. Die Regierung Echevaria in Mexiko setzte aus politischen Gründen den amerikanischen Überlegungen hinsichtlich der »Secret Bonanza« erheblich stärkeren Widerstand entgegen, als dies zur Zeit die Regierung Portillo tut. Die mit dem Kongreß gefundene Regelung der Gaspreise gibt der amerikanischen Seite bei den Verhandlungen mit Mexiko einen weit größeren Spielraum als bisher. Auch in Kanada ist eine gewisse Aufweichung der Zurückhaltung gegenüber den amerikanischen Plänen parallel zu der Änderung der politischen Grundhaltung erkennbar. Man beginnt in beiden Ländern einzusehen – vor allen Dingen angesichts der hohen Arbeitslosigkeit (allein in Kanada 10 Prozent) –, daß nur die Nutzung, nicht das bloße Vorhandensein von Bodenschätzen den für die Schaffung von Arbeitsplätzen notwendigen Kapitalzufluß bringt.

Wenn dieses Konzept im Lauf des nächsten Jahrzehnts verwirklicht werden kann, ist damit ein erneutes, hohes Wachstum des nordamerikanischen Marktes verbunden. Für viele Produktgruppen würde er dann wahrscheinlich einen Anteil von 50 Prozent des gesamten Weltmarktes bekommen und einen Strom von weiteren Investitionen rechtfertigen. Bereits heute wird die Zahl der aus Mexiko stammenden legalen und illegalen Gastarbeiter auf 8 Millionen geschätzt. Diese Zahl würde sich dann wahrscheinlich erheblich vergrößern. Die Gewichte innerhalb der Regionen von Gesamtnordamerika würden sich weiter verschieben. Wieweit sich ein derartiger großer Markt tendenziell von der übrigen Weltwirtschaft isolieren würde, ist schwer vorauszusehen. Abschließend zu diesem Problem wäre im jetzigen Zeitpunkt zu sagen, daß die vom 95. Kongreß beschlossenen Gesetze für die Energieeinsparung wenig gebracht, wohl aber einige Weichen in Richtung auf eine großräumige Energiesicherung Nordamerikas gestellt haben.«

Eine im Herbst 1979 in Bagdad vom venezolanischen Energieminister Calderon Berti angestellte Betrachtung kommt zu folgenden Schlüssen:

»In den achtziger Jahren werden 30 bis 35 Millionen Barrels pro Tag in der OPEC gefördert werden. [Mexiko ist nicht Mitglied der OPEC!] Eine echte Mengenkrise droht Anfang der neunziger Jahre, wenn bis dahin keine Substitution wesentlicher Mengen des Öls eingesetzt hat.«

5. Die Realität der Mystik und der Technologietransfer

Die Investitionskonferenz in Teheran 1974 war ein gewisser Höhepunkt für die »weiße Revolution« des Schahs in wirtschaftlicher Beziehung. Die Ölkrise des Jahres 1973 hatte die Guthaben im Budget des Landes um mehrere Milliarden Dollar schlagartig erhöht. Diese Milliarden sollten den nationalen Grundstock eines großzügigen neuen Industrialisierungsprogramms bilden, zu dem die Deutschen – genauso wie übrigens auch die anderen Nationen, für die entsprechende Veranstaltungen stattgefunden hatten – kapitalmäßig beitragen sollten. Große Veredelungsprojekte (down-stream-projects) standen auf der Tagesordnung. Die Russen hatten eine griffige Möglichkeit für einen Gastransfer vom Iran nach Rußland und von Rußland zur Bundesrepublik angeboten. Ein großzügiger Ausbau der Stahlindustrie sollte für die Verarbeiter, vor allen Dingen den Maschinenbau, Grundlagen schaffen. Die kaufmännischen und industriellen Partner, die uns präsentiert wurden, machten, sowohl was die Industrie wie die Behörden anlangte, einen fähigen Eindruck. Der Schah erläuterte uns klar und bestimmt seine Planungen. Wer das tägliche Geschäft im Iran kannte, wußte um die Schwierigkeiten, die sich in bezug auf Arbeitskräftenachwuchs, Energieversorgung der großen Städte wie aus der Landflucht ergaben. Auf der anderen Seite hatte ich mich gerade auch auf Baustellen im Lande überzeugen können, daß es dort ein tüchtiges Unternehmertum gab, das mit den Problemen der Arbeitskräfte und auch mit den sozialen Problemen fertig wurde.

Ein Jahr später war ich zur Jagd in den Eichenwäldern des Elbursgebirges, nicht sehr weit entfernt von der russischen Grenze. Wir fuhren von unserem Zeltlager mit dem Jeep bis zu einem Bergdorf, wo uns die Pferde für den restlichen Aufstieg erwarteten. Als wir im Morgendämmern in dem Dorf eintrafen, das aus teilweise in die Erde eingebauten Lehmhütten bestand, ging plötzlich ein höllischer Spektakel los: Die Stimme des Muezzin, der die Gläubigen zum Gebet rief. Es gab aber weder einen Muezzin noch eine Moschee in diesem Dorf, sondern nur einen Plattenspieler mit Lautsprecher. Auf meine Frage, wo denn hier Strom herkäme, wurde mir lachend geantwortet, das sei ein Batteriegerät. Ich bin überzeugt, daß dies das einzige elektrische Gerät in einem Umkreis von 50 Kilometern war.

Die Bergbauern und Jäger, mit denen wir bei dieser und bei anderen Gelegenheiten zusammenkamen, waren zwar arm an Zivilisationsgütern, verfügten aber doch jeder über ein bescheidenes Eigentum und hatten von der Landreform des Schahs durchaus profitiert. Sie lebten selbstgenügsam in einem biblischen Zuschnitt. Die Güter der Zivilisation, die sie durch die Jagdgäste kennenlernten, interessierten sie relativ wenig. Sie sprachen nicht auf die Technik an.

Dies ist, so meine ich, der Nährboden, auf dem der Islam wächst, auf dem jene erstaunliche Kraft entsteht, die mystische und unzeitgemäße Vorstellungen in politische Realitäten umsetzt. Die jungen Leute aus diesen Dörfern kommen in die Städte und sind dort noch leichter von den Mullahs zu beeinflussen als auf dem Lande; ihre Einsatzbereitschaft kann noch besser in politische Dynamik verwandelt werden.

Während Kapitalismus und Marxismus – jeder aus seiner Sicht heraus – den Laizismus propagieren, geht plötzlich eine Welle des Mystizismus, des Angerührtseins von nicht real erklärbaren Geschehnissen, durch die Welt. So sind wohl auch das Auftreten und die charismatische Wirkung des Papstes bei seinen Reisen erklärbar. Diese Welle hat Carter im letzten Wahlkampf emporgetragen.

Wahrscheinlich kam der Appell Sadats mit seiner Reise nach Israel aus ähnlichen Motiven. Auch der Widerstand der afghanischen Bevölkerung mit völlig unterlegenen militärischen Mitteln gegen die Russen ist wohl so zu erklären. In Persien wurde diese Mystik erstmals zur politischen und wirtschaftlichen Realität. Sie ist damit sowohl für den Westen wie für den Osten untaxierbar geworden. Die theokratische Verfassung Saudiarabiens beruht ebenso auf dieser islamischen Grundeinstellung wie die Zickzackpolitik von Ghaddafi in Libyen.

In einem Augenblick, in dem die islamischen Länder durch das Öl einen vorher für unmöglich gehaltenen Zufluß an finanziellen Mitteln erfuhren, der es ihnen erlaubt, sich alles, was an moderner Technologie nur möglich ist, zu leisten, setzte eine Gegenreaktion ein, die die ganze Technologie und industrielle Entwicklung wenn auch nicht in Frage stellt, so doch einer außerordentlich kritischen Prüfung unterwirft. Auf der Konferenz der arabischen Kammern für Handel, Industrie und Landwirtschaft im April 1979 in Rabat kam diese Haltung erstmals zum Ausdruck. Vorangegangen waren die iranische Revolution und das Camp-David-Abkommen zwischen Ägypten und Israel. Der marokkanische Ministerpräsident, der im Namen des Königs die Veranstaltung eröffnete, ging auf den Bruch mit Ägypten mit keinem Wort ein. Er sprach von der arabischen Nation mit 120 Millionen Menschen, die sich einigen und integrieren müsse. Im nachstehenden Konferenzpapier des Generalsekretärs Dajani unter dem bezeichnenden Titel »ARAB PAINS OF ECONOMIC GROWTH UNDER CONDITIONS OF MONETARY SURPLUSES« wird der Vorgang des Recycling und des Technologietransfers sehr kritisch unter die Lupe genommen, vor allen Dingen im Hinblick auf Inflation und soziale Spannungen.

Arabisches Unbehagen über wirtschaftliches Wachstum im Zustand monetärer Überschüsse

Von Burhan Dajani

Da nunmehr fünf Jahre seit dem dramatischen Anstieg der Ölpreise in der Folge des Oktoberkriegs von 1973 vergangen sind, scheint es notwendig, die während dieser Zeit erzielten größeren Errungenschaften einer Bewertung zu unterziehen und die Probleme, die sich dadurch ergeben haben, sowie die Lösungen, die zur Bewältigung dieser Probleme auf nationaler, regionaler und internationaler Ebene entwickelt wurden, auszuleuchten.

Eine natürliche Folge der Vervierfachung der Ölpreise ist ein meßbarer Zuwachs an Öleinkünften, die den ölproduzierenden Ländern erwuchsen. Danach haben diese Länder als erste die Auswirkung dieses Zuwachses sowohl auf der positiven als auch auf der negativen Seite erfahren.

Offensichtlich neigt der Einkommenszuwachs dazu, einen Druck zu erhöhten Ausgaben zu erzeugen. Obwohl sich dieser Druck zu Beginn als nationalen Ursprungs dargestellt hat, wurde er unter verschiedenen internationalen Einflüssen immer größer und breitete sich aus. Diese Einflüsse traten zunächst in dem sogenannten »Recycling von Petrogeldern« und daraufhin in der weltweiten Inflation zutage, die wiederum das hervorbrachte, was heute als Phänomen des »schwachen Dollars« bekannt ist. Obwohl diese Einflüsse miteinander verflochten sind, ist es wohl nützlich, jeden einzelnen für sich einer Prüfung zu unterziehen.

Nationale Einflüsse

Die ölproduzierenden Länder haben innerhalb einer kurzen Frist große Schritte auf dem Gebiet der wirtschaftlichen Entwicklung vorangetan. Dieses Phänomen wurde in einem der arabischen Länder mit dem Begriff »explosive Entwicklung« belegt. Wie vorausgesehen, umfaßte diese Art der Entwicklung mehrere Bereiche. Am meisten ragte aus diesen Bereichen die Verbesserung und Erweiterung der

Infrastruktur hervor, wozu Straßen, Seehäfen, Flughäfen, Elektrizität, Nachrichten- und Fernsprechwesen, Transport, Dämme, Bewässerungs- und Kanalisationsnetze, Schienen, Wasserverteilung usw. gehören. Stärker integrierte industrielle Infrastrukturen wurden ebenfalls in Form von Kompaktsiedlungen entwickelt, deren prominenteste Jubail und Yanbu in Saudiarabien sind. Darüber hinaus erfuhr man eine bemerkenswerte Ausweitung der sozialen Annehmlichkeiten. Neben der Erweiterung der Erziehung auf sämtlichen Niveaus wurde in einigen Ländern die Grundschulbildung zur Pflicht, und im Irak wurde eine umfassende Kampagne zur Ausmerzung des Analphabetentums gestartet. Gesundheitsleistungen wurden verbessert und erweitert – insbesondere in Krankenhäusern und Schulkliniken. Wissenschaftliche Forschung wurde durch die Zuteilung größerer finanzieller Mittel sowie durch die Schaffung technischer Hochschulen und Institutionen weiterentwickelt.

Es ist darauf hinzuweisen, daß die Städtezentren auf Kosten der ländlichen Gebiete ausgebaut wurden. Zuwendungen wurden erteilt, um die Leistungsfähigkeit städtischer Kommunen zu fördern und moderne Handelszentren und Verbraucherkooperativen zu errichten. Bezüglich der ländlichen Entwicklung wurden durch die praktische Durchführung von Vorhaben wie etwa des Projekts der tausend Dörfer in Algerien erst bescheidenste Anfänge gemacht. Infolgedessen verstärkte sich die Abwanderung von ländlichen in städtische Zentren, wodurch ein weiterer Beitrag zum allgemeinen Verfall im landwirtschaftlichen Bereich und zur Erweiterung der »Nahrungsmittellücke« geleistet wurde.

Allerdings wurde in der Seßhaftmachung von Beduinen ein gewisser Erfolg erzielt. Es steht nun fest, daß das Beduinenphänomen, das sowieso im Absinken begriffen war, in sämtlichen ölproduzierenden Ländern der östlichen und westlichen Teile der arabischen Welt dabei ist, ganz zu verschwinden. Dies heißt jedoch nicht, daß Bedeutung und Gedankengut der Beduinen in gleichem Ausmaß verschwinden.

Gemeinsam mit diesen Entwicklungen erfuhren bestimmte Projekte eine spürbare Ausweitung, insbesondere im Industriebereich. Durch den Zuwachs an Öleinkünften sahen sich die Regierungen veranlaßt, produktive Projekte zu schaffen. Demzufolge wurden beträchtliche Mittel für Großprojekte auf den Gebieten von Metall (Eisen und Stahl sowie Aluminium), Petrochemikalien (Äthylen), chemischen Düngemitteln (Phosphat und Nitrat) bereitgestellt. Außerdem wurde bestehenden Industrien mehr Aufmerksamkeit geschenkt (wie Baumaterial, Textilien, den Industriebereichen von Lebensmittelverarbeitung und alkoholfreien Getränken), andere wurden entwickelt (wie die Papier- und Papiererzeugnisindustrien). Weiterhin wurden einige Montageindustrien für die Produktion von technischen Erzeugnissen (Autos und Zugmaschinen), elektronischen Erzeugnissen (Fernsehen und Radios) und anderen aufgebaut.

Industrielles Wachstum und industrielle Ausweitung sind durch all dies eindrucksvoll dargestellt, was jedoch nicht ohne einige nachteilige Auswirkungen erzielt wurde, die man wie folgt zusammenfassen kann:

Zunächst einmal wurde das Wachstum der Großindustrien nicht durch ein weiteres Wachstum mittlerer und kleinerer Industrien ergänzt.

Zum zweiten wurde das Wachstum der Grundstoffindustrien nicht von der Entwicklung weiterführender Industrien begleitet, und daher mußte sich der Vertrieb der Erzeugnisse der Grundstoffindustrien in starkem Maße auf die Verfügbarkeit von Exportmöglichkeiten stützen. In ähnlicher Weise liefen die Agroindustrien (Düngemittel und Zugmaschinen) nicht parallel mit einer gleichen Entwicklung auf dem landwirtschaftlichen Sektor.

Zum dritten blieb der private Industriebereich, obwohl er ein gewisses Wachstum erfuhr, beträchtlich hinter dem öffentlichen Industriebereich zurück.

Viertens wurden keine systematischen Versuche unternommen, Industriekreisläufen durch die Produktion von Halbfabrikaten, die nach wie vor aus dem Ausland importiert werden, Wege zu weisen.

Fünftens standen generell wenig Zeit und Mittel zur Verfügung, um die Durchführbarkeit von Industrieprojekten zu untersuchen und ein rationelles System der Prioritäten bei ihrer praktischen Durchführung im Rahmen eines integrierten nationalen oder regionalen Plans aufzustellen. Infolgedessen gab es bei Industrieprojekten viele Verdopplungen, und die technologische Grundlage blieb eng und beschränkt.

Zum sechsten befindet sich der Prozeß technologischer Absorption, die die Errichtung von Großindustrien begleitet, nach wie vor in seinen Anfängen. Dies wird aus der ungenügenden Nutzung installierter Leistungen ersichtlich.

Siebtens liegt der Schwerpunkt immer noch auf der größenmäßigen Ausweitung industrieller Investitionen, und obgleich intensive Bemühungen zur Förderung der Produktivität erfolgt sind, arbeiten viele Industrieprojekte nach wie vor mit Verlust.

Achtens widersprechen sich die Verwaltungskonzepte, die bei Industrieanlagen Anwendung finden oder zur Definition des Verhältnisses zwischen diesen Einrichtungen und nationalen Planungssystemen herangezogen werden.

Neuntens überstieg das Wachstum der Industrieeinrichtungen das Wachstum auf dem Arbeitsmarkt, und in der Folge führte dies zu Arbeitskräftemangel auf allen Ebenen und schränkte den Betrieb der bestehenden Unternehmungen ein. Unvermeidlich wurden dadurch die Arbeitslöhne erhöht.

Zehntens wurden keine ernsthaften Anstrengungen unternommen, Erziehungs- und Ausbildungswesen den Bedürfnissen der Wirtschaft anzupassen.

Zum elften beruht trotz der Vorherrschaft des öffentlichen Bereichs der Aufbau des Arbeitsmarkts nach wie vor auf der Annahme, daß es zwischen Eigentum und Arbeiterschaft einen Unterschied oder Widerspruch gibt.

Zwölftens mußten aufgrund der Knappheit in der Arbeitskräfteversorgung und in der Folge durch die Erhöhung der Arbeitslöhne die einheimischen Arbeitsmärkte durch Wanderarbeiter aus dem arabischen und außerarabischen Bereich gestützt werden. In den ölproduzierenden Ländern führte dies zu unstabilen Arbeitskreisen, die wiederum viele sozio-politische Fragen aufwerfen.

Zweifellos beschleunigte das schnelle Wachstum in den Aufwendungen für Infrastrukturen die Inflationsrate, die zunächst ihren Ausdruck in Wohnungspreisen und Löhnen und dann in Warenpreisen fand. Es ist zweckmäßig, davon Kenntnis zu nehmen, daß die Inflation aus zwei Quellen abgeleitet wurde. Die eine Quelle war die weltweite Inflation, die die Preise für Waren auf der Lieferseite erhöhte. Aber es steht nun fest, daß die Weltinflation durch Belieferung der ölproduzierenden Länder mit Waren zu höheren Preisen als auf anderen Märkten sowie durch die Erhöhung der Versandkosten und Ausnutzung von Verstopfungen der Seehäfen in den ölproduzierenden Ländern verstärkt wurde. Aber man darf nicht vergessen, daß die Inflation in den Industrieländern zum größten Teil künstlich verursacht war und daß diese Länder verschiedene wirtschaftliche Taktiken ersonnen haben, um die Inflation eher aufrechtzuerhalten, als sie einzudämmen. Die anderen Quellen der Inflation sind inländischer Art und lassen sich darauf zurückführen, daß die Nachfrage schneller gestiegen ist als die Warenversorgung, Arbeitskräfte und Infrastrukturprojekte. So erreichte die Inflation in den ölproduzierenden Ländern ein weitaus höheres Niveau als in vielen Teilen der Welt. Dies hat zu einer zwei- bis dreifachen Steigerung der Kosten für Projekte sowie der Kosten für deren Betrieb geführt.

Auswirkung auf die nichtölproduzierenden Länder

Man kann feststellen, daß die dramatische Steigerung der Öleinkünfte zwei gegenläufige Strömungen hervorgerufen hat. Bei der einen handelt es sich um die Strömung von Kapitalmitteln aus ölproduzierenden Ländern zu den nichtölproduzierenden Ländern, und die andere Strömung ergibt sich aus dem Fluß von Arbeitskräften der letzteren zu den ersteren. In Verbindung mit diesen beiden Strömungen exportieren die ölproduzierenden Länder den im Überfluß vorhandenen Produktionsfaktor und importieren den, der nur in geringem Maße verfügbar ist.

Was die Strömung der Kapitalmittel anbelangt, so ist zu bemerken, daß sie über fünf verschiedene Kanäle erfolgte. Der erste und bedeutsamste Kanal umfaßt bilaterale Regierungshilfen. Obwohl diese Hilfen für Zwecke der Allgemeinheit (einschließlich Verteidigung und Subventionen) erteilt wurden, haben die betroffenen Länder offensichtlich keinen entsprechenden Nutzen daraus abgeleitet. Diese Tatsache variierte entsprechend der Fähigkeit dieser Länder, künftige Entwicklungen, die verschiedenen Arten interner sozio-politischer Gegengewichte und die Verantwortungsbereiche innerhalb der Regierungsmaschinerie vorherzusehen. Zweifellos wurde ein Teil dieser Hilfen in die Errichtung von Infrastrukturprojekten und den Aufbau spezialisierter Bankinstitute (für Industrie und Wohnungswesen) investiert. Darüber hinaus wurde ein großer Teil dieser Mittel zur Stärkung der Verteidigungsmöglichkeiten insbesondere bei den Konfrontationsstaaten verwendet.

Es ist ziemlich schwierig, die realen Vergünstigungen abzuschätzen, die aus diesen Kapitalströmungen abgeleitet wurden, selbst bei Betrachtung der Verteidigungsmöglichkeiten, die sich in einigen Ländern während des Berichtszeitraums wegen des Mangels an entsprechenden Waffenlieferanten effektiv verschlechtert haben. Dieser Punkt wird nur erwähnt, um darauf hinzuweisen, daß Rüstung im wesentlichen ein politisches Problem ist und daß die Verfügbarkeit von Geldern ohne eine eigene Industriemöglichkeit in bezug auf die Verteidigungsfähigkeit eine einschränkende Wirkung hat.

Andererseits machte sich die Auswirkung der Verfügbarkeit von Geldmitteln spürbar in der Entwicklung von Infrastrukturprojekten in Syrien und Jordanien sowie in der Förderung von Institutionen, die der Wirtschaftstätigkeit dienen, besonders in Jordanien bemerkbar. Obwohl es schwierig ist, diese Mittel mengenmäßig zu erfassen, vertritt man die Ansicht, daß sie im Falle von Syrien und Jordanien weitaus nutzbringender waren als im Fall von Ägypten. Aber man sollte ebenfalls erkennen, daß die wirtschaftliche Größe und die verfolgten Taktiken bei der Bestimmung der jeweils gewonnenen Nutzen von wesentlicher Bedeutung waren.

Der zweite Kanal umfaßt die unilateralen und multilateralen Fonds (d. h. den Kuwait-Fonds für Arabische Wirtschaftsentwicklung, den Abu-Dhabi-Fonds für Arabische Wirtschaftsentwicklung und den Arabischen Fonds für Wirtschafts- und Sozialentwicklung). Diese Fonds konzentrieren sich auf Projektfinanzierung, und da in ihrem Rahmen Feasibility-Studien vor der Gewährung von Darlehen durchgeführt werden, neigen die finanzierten Projekte dazu, einen hohen Grad der Lebensfähigkeit aufzuweisen. Aber vor kurzem begannen diese Fonds, den Einsatz von Ersparnissen durch Förderung von Konsortialfinanzierung in Zusammenarbeit mit anderen Finanzinstituten zu fördern. Aber diese Praxis ist bisher nur in beschränktem Maße verfolgt worden und hat zur Förderung des arabischen Finanzmarktes sowie der arabischen multilateralen Institutionen nicht wesentlich beigetragen.

Der dritte Kanal umfaßt eine große Anzahl von Joint Ventures, von denen einige direkt produktiv sind, wie die Militärische Industrieorganisation der Arabischen Staaten, die SUMED-Pipeline-Gesellschaft, die OAPEC-Öltanker-Gesellschaft sowie Ölinvestment- und Dienstleistungsfirmen. Die Arabische Seegesellschaft und die Arabische Fischereigesellschaft stellen weitere unabhängige Joint Ventures dar. Andere Unternehmungen dienen lediglich der Finanzierung eines bestimmten Bereichs, wie etwa die Arabische Bergbaugesellschaft, die Arabische Gesellschaft für die Entwicklung von tierischen Rohstoffen und die Arabische Behörde für landwirtschaftliche Investitionen und Entwicklung.

Der vierte Kanal umfaßt Konsortialbanken (mit ausländischen Partnern). Der Gedanke, der hinter der Errichtung derartiger Banken gestanden hat, war die Schaffung eines Mittels für die Übertragung eines Teils der arabischen

Fonds auf die arabische Welt unter nichtarabischer Deckung (unter Berücksichtigung dessen, daß die Nationalität dieser Banken stets ausländisch ist, ungeachtet des Anteils der arabischen Seite an ihrem Kapital). Es ist jedoch Kenntnis davon zu nehmen, daß diese Banken keine Mittel in ansehnlicher Größenordnung für Investitionen in den arabischen Ländern zur Verfügung gestellt haben, und die Tatsache, daß ihre Einlagen zum großen Teil kurzfristig waren, führte unvermeidlich dazu, daß diese Banken auf internationale Finanzierungsmärkte zurückgreifen mußten, um Geldmittel für die Investition in der arabischen Welt sicherzustellen. Die Notwendigkeit, Liquidität aufrechtzuerhalten und Risiken auf ein Mindestmaß zu senken, hat den größten Teil ihrer Operationen auf internationale Märkte umgeleitet, und ihre Kreditgewährung erfolgte in erster Linie zu kommerziellen Zwecken.

Zu dem fünften Kanal gehören private Investitionen, die sowohl in ihrem Umfang als auch in ihrer Auswirkung äußerst beschränkt blieben. Tatsächlich sind einige Anstrengungen im Rahmen der Liga der Arabischen Staaten und des Arabischen Wirtschaftsrats unternommen worden, um die den Strom privater Investitionen hemmenden Hindernisse aus dem Weg zu räumen, sei es durch Vereinfachung von Verwaltungsmaßnahmen und Gewährung von Vorrechten und Zugeständnissen oder durch die Formulierung der Prinzipien, die in eine einheitliche arabische Investitionsvorschrift aufgenommen werden müssen. Es scheint sich jedoch jetzt herauszustellen, daß diese Bemühungen nicht erfolgreich waren, und private Investitionen sind nach wie vor von geringerer Bedeutung.

An dieser Stelle muß darauf hingewiesen werden, daß der Gegenstrom von Arbeitskräften aus den nichtölproduzierenden Ländern zu der Entstehung beträchtlicher Ersparnisse geführt hat. Aber diese Ersparnisse sind nicht in produktive Investitionen eingegangen, und zwar hauptsächlich aufgrund des vorherrschenden ungünstigen Investitionsklimas in den nichtölproduzierenden Ländern. In den meisten dieser Länder verfügt der Privatsektor nur über eine beschränkte Aktivität, und die Methoden zur Konzentrierung von Ersparnissen und deren Umformung zu privaten Investitionen (z. B. Aktiengesellschaften) werden nicht gern gesehen (in einigen Fällen nicht einmal geduldet), ganz zu schweigen von der Unterentwicklung der Effektenbörsen. Was in dieser Hinsicht noch zu erwähnen wäre, ist, daß es eine Welle von Aktienspekulationen in den Ölländern gab, die nicht nur zu individuellen Verlusten, sondern auch zu einem allgemeinen Mißtrauen zu gesellschaftlichen Formen der Geschäftstätigkeit geführt hat. Dennoch wurden einige Versuche unternommen, Ersparnisse durch verschiedene Finanz- und Bankinstitutionen anzuziehen. Zum Beispiel gaben Ägypten und Jordanien Schuldverschreibungen in konvertierbaren Währungen zum Verkauf an ihre im Bereich des Arabischen Golfs arbeitenden Bürger aus. Weiterhin wurden in Ägypten die Bankgesetze so geändert, daß Einheimische und Ausländer Konten in Fremdwährungen unterhalten können. Gleichzeitig wurde es einigen ausländischen Banken gestattet, als Auslandsbank zu operieren, und diesen gelang es, Einlagen attraktiv zu machen, aber die generelle Wirkung all dieser finanziellen Mittel auf die einheimischen Investitionen war beschränkt.

Der Handelsbereich

Zusammen mit der Entwicklung und dem Anstieg der Investitionen erfuhren alle arabischen Länder einen starken Druck in ihren Handelsbereichen. Die gestiegenen Ausgaben brachten eine verstärkte Nachfrage hervor, die nicht befriedigt werden konnte, ohne daß eine liberale Handelspolitik verfolgt wurde. Man muß sich daran erinnern, daß die meisten Länder mit einem Kapitalüberschuß nur über eine schmale produktive Basis verfügen und stets in starkem Maße vom Importhandel und den damit verbundenen Leistungen abhängig waren. Auf diese Weise hat der allgemeine Anstieg des Einkommenniveaus einen zusätzlichen Druck zur Verstärkung der Importe sowie zur Entwicklung neuer Verbrauchsmuster verursacht, die sich durch den Anschauungseffekt bald auf die Länder mit Kapitaldefizit ausbreiteten.

Es ist wohl bekannt, daß die Länder mit Kapitaldefizit seit ihrer Unabhängigkeit nach dem Zweiten Weltkrieg eine Schutzzollpolitik betrieben haben, um die Aussichten auf industrielles Wachstum zu verstärken. Aber bald begannen die Zollgrenzen unter dem Verbraucherdruck zu fallen. Auf diese Weise wurden steuerfreie Geschäfte inmitten der Städte errichtet, der Besitz von Devisen wurde Einzelpersonen unter bestimmten Umständen gestattet und der Import auf illegalen Wegen verstärkt.

Fraglos waren die Kaufleute bei der Verursachung dieser Entwicklung von zentraler Bedeutung. Es ist absolut klar, daß die arabischen Länder in den vergangenen Jahren erhebliche Mengen langlebiger und kurzlebiger Verbrauchsgüter importiert haben, die sich durch die einheimische Produktion hätten ersetzen lassen können. Aber die Kürze der Zeit und der Druck nach schnellem Gewinn seitens der Kaufleute erlaubten keine Nutzung dieser Gelegenheit. So blieb die industrielle Entwicklung weiterhin lustlos und machte sich das Wachstum des Marktes nicht zunutze. Anstatt einen enormen Binnenmarkt zu nutzen, richtet sich die neue Welle der industriellen Entwicklung nach internationalen Märkten aus, wo ihre Wettbewerbsfähigkeit in Frage gestellt ist und wo sie angesichts eines aggressiven Wettbewerbs seitens anderer Erzeuger auf Schutz- oder Korrekturmaßnahmen verzichten muß.

Andere Faktoren wie die Aufsplitterung des einheimischen Marktes und die Unterdrückung des Privatbereichs in einigen Ländern haben ebenfalls zur Verzögerung der industriellen Entwicklung beigetragen. Gleichzeitig haben die Industrieländer durch Ausüben von inflationärem Druck die schnelle Umwandlung von arabischem Geld in Verbrauchsgüter gefördert, wodurch die Industrialisierung als Ersatz für den Import, die stets der industriellen Entwicklung und dem technologischen Fortschritt zugrunde liegt, gestört wurde.

Inflation
Abgesehen von den bereits oben erwähnten nachteiligen Auswirkungen verstärkte die Inflation die ungleiche Verteilung von Einkommen. Während die Kaufleute beträchtliche Gewinne erzielen und Reichtum anhäufen konnten, litten die Gruppen mit einem festen Einkommen (Gehälter) unter einem ständigen Absinken ihres Realeinkommens.

Arbeiter und insbesondere die gelernten Arbeiter litten weniger darunter angesichts der wachsenden Nachfrage nach ihren Leistungen auf dem Bausektor und bei Projekten. Es muß allerdings erwähnt werden, daß die Gruppen mit festem Einkommen eine bedeutende soziale Schicht darstellen, besonders, da das Bildungswesen hauptsächlich darauf gerichtet ist, Akademiker hervorzubringen, die nur in dieser Kategorie Aufnahme finden können. Es ist unnötig, darauf hinzuweisen, daß die Gruppen mit festem Einkommen in wachsendem Maße von dem heute spürbaren trügerischen Reichtum ausgenommen sind.

Die Stellung der Regierung
Es ist zu bemerken, daß es sich bei den Gruppen mit festem Einkommen in der Regel um Angestellte der Regierung und des öffentlichen Bereichs handelt. Die Regierungen bemühen sich, das Los dieser Angestellten entweder durch Erhöhung ihrer Gehälter, wodurch der Inflation weiter Vorschub geleistet wird, oder durch Subventionierung von Grundgütern und durch Kontrolle der vom öffentlichen Bereich erzeugten Waren zu verbessern. Es ist bekannt, daß derartige Subventionen in den Ländern mit Kapitaldefizit zu einer schweren Last geworden sind und die für Investitionen verfügbaren Gelder gesenkt (in einigen Fällen vollständig verbraucht) haben. Darüber hinaus bedeutet die Kontrolle der Preise der vom öffentlichen Bereich produzierten Waren einen Verlust für diesen Sektor und eine Schmälerung der für erneute Investitionen benötigten Gewinne. Da der Mietvertragsbereich konfisziert und für den Verbrauch umverteilt wurde, haben einige Länder (z. B. Ägypten) auch durch die Konfiszierung des Gewinn-

bereichs keine inländische Quelle für Ersparnisse und Investitionen mehr. Die Lage wird weiterhin durch Kanalisierung des größten Teils der erhaltenen Auslandshilfen zum Verbrauch entweder direkt (durch Importzuweisung) oder indirekt (durch Budgetstützen zur Deckung von Verlusten des öffentlichen Bereichs und durch die Subventionierung von Grundgütern) verschärft. Es wird die Ansicht vertreten, daß direkte und indirekte Subventionen in Ägypten etwa 20 Prozent des nationalen Einkommens ausmachen. Wenn dieser Bereich anstatt zum Verbrauch auf Investitionen umgeleitet worden wäre, könnte Ägypten heute wahrscheinlich beträchtlich industrialisiert sein.

Ungleichheiten im Reichtum

Es ist eine allseits bekannte Tatsache, daß der dramatische Anstieg der Ölpreise durch den Oktoberkrieg 1973 ermöglicht wurde, an welchem sich Ägypten und Syrien mit Hilfe aller arabischen Länder beteiligten. Ohne diesen Krieg wäre das Ölembargo nicht möglich gewesen. Die Tatsache, daß Syrien und Ägypten zusammen mit Jordanien die Verteidigungslinie für die Ölerzeuger gegen Israel bilden, was, nebenbei gesagt, die Niedrighaltung der Ölpreise und den Abzug von Öleinkünften fördert, läßt diese Länder zu dem Eindruck gelangen, daß sie nicht den ihnen entsprechenden Anteil an dem von ihnen geschützten Reichtum erhalten. Dazu kommt, daß ihre Landsleute, die in den ölproduzierenden Ländern arbeiten, in der Behandlung den einheimischen Bevölkerungen nicht gleichgestellt sind.

Es stimmt, daß die ölproduzierenden Länder erhebliche Geldbeträge zur Stützung der Verteidigungs- und Entwicklungsbemühungen in anderen arabischen Ländern gezahlt haben, was allerdings durch temporäre Überlegungen getragen wurde. Nur wenige Zahlungen erfolgten regelmäßig (wie etwa das Khartum-Abkommen von 1967), allerdings auch nicht ohne gewisse Unterbrechungen.

Es besteht eine absolute Notwendigkeit, einen bestimmten Festanteil der Öleinkünfte (etwa 10 Prozent) zur Schaffung eines Fonds bereitzustellen, um alle Hilfsquellen durch bestehende Fonds und Einrichtungen zur Finanzierung infrastruktureller, industrieller und landwirtschaftlicher Projekte zusammenzufassen. Es ist von äußerster Wichtigkeit, diese Fonds im Zusammenhang mit der wechselseitigen Abhängigkeit zwischen den arabischen Ländern zu sehen, die durch die Ergänzung ihrer Märkte und Hilfsmittel untereinander diktiert wird. Es ist erneut daran zu erinnern, daß die letzte in Bagdad abgehaltene Gipfelkonferenz die Schaffung eines großen Fonds für die obigen Zwecke beschloß und daß zuvor die Golfländer einen Fonds mit einem Kapital von 4,5 Milliarden US-Dollar für Ägypten errichtet haben. Dieser Betrag ist bereits erschöpft.

Notwendigkeit regionaler Organisation

Dem Strom der Kapitalmittel zwischen den arabischen Ländern fehlte zur Entwicklung einer integrierten Produktionsbasis und eines gemeinsamen Marktes für Waren und Leistungen eine regionale Einsicht. Paradoxerweise erschlaffte der Enthusiasmus für den arabischen gemeinsamen Markt als Folge des Anstiegs der Öleinkünfte aufgrund der Verbreitung des Verbraucherschutzes auf Kosten binnenländischer Entwicklung und Industrialisierung. Es heißt, daß der Strom der Kapitalmittel keine dauerhafte positive Wirkung hinterlassen hat; statt dessen hat er die Entwicklungsbemühungen durch Förderung der Importe eingeengt. Die Wirtschaftswachstumsraten von 7 bis 8 Prozent, wie sie für einige Länder (z. B. Ägypten) berichtet werden, sind nur eine Widerspiegelung dessen, was die Geldmittel durch Verstärkung der Waren- und Leistungslieferungen ermöglicht haben.

Man kann sagen, daß die Verfügbarkeit von Kapitalüberschüssen in den ölproduzierenden Ländern die Investitionen zu den exportorientierten Industrien auf der Basis von Kohlenwasserstoffen und Billiggas verschoben hat, und das hat an sich schon die Integrierung der Ölwirtschaften mit der Außenwelt gefördert und die Entwicklung einer einheimischen technologischen Basis nachteilig beeinflußt.

Der Gegenstrom – Arbeitskräfte

Der Aufschwung der öffentlichen Ausgaben in den ölproduzierenden Ländern führte zu einer starken Einströmung von Arbeitern, besonders aus den angrenzenden arabischen Ländern. Man rechnet damit, daß die Anzahl der Wanderarbeiter gegenwärtig einige Millionen überschreitet, und man trifft sie an im Irak, den Vereinigten Arabischen Emiraten, in Oman, Saudiarabien und Libyen. Die meisten kommen aus den beiden Jemen, aus Ägypten, aus dem Volk der Palästinenser (wo immer verfügbar), aus Syrien, dem Libanon und Tunesien (soweit es Libyen betrifft). Der Irak war früher ein Arbeitskräfte exportierendes Land für die Golfstaaten, aber seine Entwicklungsbemühungen haben alle überschüssigen Arbeitskräfte aufgenommen, und so ist er nun zu einem Arbeitskräfte importierenden Land geworden. Auch der Sudan und Somalia lieferten Arbeitskräfte an die Ölerzeuger. Es ist interessant festzustellen, daß die Wanderarbeiter nicht nur auf der Lieferseite ihren Beitrag geleistet haben, indem sie ihre Fähigkeiten auf allen Ebenen und in allen Arten zur Verfügung stellten, sondern auch auf der Nachfrageseite, indem sie den einheimischen Markt noch verstärkten.

Obwohl die Wanderarbeiter zum größten Teil aus den arabischen Ländern stammen, gibt es ebenfalls Arbeiter aus dem Iran, aus Pakistan und Indien und in jüngster Zeit auch von den Philippinen und aus Südkorea.

Weiterhin arbeiten Facharbeiter aus den Industrieländern in der Ölindustrie, und bisher pflegten sie ihre eigenen Kommunen zu unterhalten (z. B. Dhahran und Ahmadi). Weiterhin gibt es Ausländer, die als leitende Angestellte bei Großaufträgen, die von großen Vertragsfirmen abgeschlossen wurden, die Überwachung durchführen.

Es sollte noch darauf hingewiesen werden, daß die Anwesenheit dieser Wanderarbeiter, die unterschiedliche Kulturen und Identitäten besitzen, nicht in feste Form gegliedert und nur vorübergehender Art ist.

Die Grundlage für diese Ansicht findet sich in folgenden Erwägungen:

1. Die Länder, die Arbeitskräfte aufnehmen, sind darauf bedacht, nicht als Wanderländer angesehen zu werden. Daher handhaben sie die Einbürgerung auf äußerst selektive wählerische Weise und gemäß bestimmten Kriterien, die den gegenwärtigen Bevölkerungsstrukturen entsprechen. Offensichtlich zählen wirtschaftliche Bedürfnisse bei der Festlegung ihrer Bevölkerungspolitik nicht. Dieses Modell unterscheidet sich völlig von dem amerikanischen Modell, nach dem eine Zivilisation auf der Grundlage der Einbürgerung entwickelt wurde. Es unterscheidet sich ebenfalls von dem panarabischen Modell, das alle Araber als eine Nation betrachtet. Es heißt, daß diese nach innen gerichtete Politik, wie sie von den Ländern verfolgt wird, die Arbeitskräfte aufnehmen, die sich aus dem Mißverhältnis zwischen Einheimischen und Ausländern ergebenden Befürchtungen widerspiegelt.

2. In den Ländern, die Arbeitskräfte aufnehmen, wird weiterhin die Ansicht vertreten, daß die Anwesenheit von Wanderarbeitern vorübergehender Art ist und daß sie, wenn sie nicht länger benötigt werden, in ihre Heimatländer zurückkehren werden. Obwohl diese Situation der vieler Industrieländer ähnelt, die sich zum Import von Arbeitskräften gezwungen sahen, steht es fest, daß die Wanderarbeiter in den ölproduzierenden Ländern nicht in gleicher Weise behandelt werden, wie es bei den Wanderarbeitern in den Industrieländern Westeuropas der Fall ist. Während die Industrieländer ihnen die gleichen Vergünstigungen wie den einheimischen Arbeitnehmern einräumen, werden sie sogar in bezug auf Lohn in den Ölländern diskriminiert. Obwohl einige der ölproduzierenden Länder die Möglichkeit einer Änderung dieser Situation erwogen haben, ist bisher in dieser Beziehung noch nichts erfolgt.

Was die Vorteile anbelangt, die den Ländern als Arbeitskräftelieferanten erwachsen, so sind sie zweigestaltig: Zum einen bestehen sie in der Schaffung von Arbeitsplätzen für die überschüssigen Arbeitskräfte, die zu Hause nicht aufgefangen werden können, und zum anderen sind sie in den Überweisungen gegeben, die von den Wanderarbeitern getätigt werden, die, wie bereits an früherer Stelle angesprochen, nur eine geringe Auswirkung auf die Investitionen hatten, da sie hauptsächlich auf Verbrauch aus waren.

Aber der Abfluß von Fachkräften führte zu einem Lohnanstieg in den Lieferländern. Dies wiederum brachte eine Kostensteigerung sowie das Verschwinden billiger Arbeitskräfte mit sich, die Anreiz und Grundlage für Investitionen sein könnten. Es heißt, daß dies den Prozeß der Wirtschaftsentwicklung nachteilig beeinflußt hat, und zweifellos wurde der Fortschritt der Industrialisierung in Ägypten, Syrien und Jordanien durch dieses Phänomen spürbar beeinträchtigt. So muß berücksichtigt werden, daß die sich aus den Arbeiterbewegungen ergebenden Gewinne durch Verluste beim ständigen Abfluß von Facharbeitern ausgeglichen werden, wodurch industrieller und technischer Fortschritt behindert wird.

Wenn also die ölproduzierenden Länder weiterhin ihre gegenwärtige Politik der Nichtintegrierung der Wanderarbeiter verfolgen, steht zu erwarten, daß die Länder, die die Arbeitskräfte liefern, in Kürze den ihnen erwachsenden Verlust spüren und dem Export von Arbeitskräften Beschränkungen auferlegen werden. Die Einführung derartiger Maßnahmen würde sich negativ auf das wirtschaftliche Wachstum und die Entwicklung in den ölproduzierenden Ländern auswirken.

Öl

Öl ist eine traditionelle Energiequelle und hat sich nach dem Zweiten Weltkrieg als bedeutsamste Quelle herausgestellt. Dazu hat eine Reihe von Faktoren beigetragen, deren bedeutsamster die Tatsache ist, daß es den Industrieländern gelungen ist, die Ölpreise niedrig zu halten, um Öl damit zu einer billigen Energiequelle zu machen (etwa die Hälfte des Kohlepreises). Die wirtschaftliche Erholung und die Ausweitungspolitik in einigen der Industrieländer nach dem Zweiten Weltkrieg beruhen auf der Verfügbarkeit billiger

Energie. Die Stabilität der Ölpreise auf einem niedrigen Niveau unterstützte die Vorhersagen bezüglich der Gewinne und die Erweiterung der Geschäftstätigkeit durch Industrieeinrichtungen. Gleichzeitig trugen die niedrigen Ölpreise zur Erweiterung der allgemeinen Nachfrage insbesondere nach Elektrizität, Transportmitteln, Heizung usw. bei. Auf diese Weise war es den Industrieländern möglich, ihre Wirtschaft nach kapitalistischen Richtlinien sowie in Übereinstimmung mit der Keynesianischen Formel zu entwickeln, nach der die relative Stabilität von Produktionskosten bei wachsendem Pro-Kopf-Einkommen zu einer Beschleunigung der Verbrauchsausgaben führt.

Dies schien eine vernünftige Formel zu sein zu einer Zeit, da die Industrieländer in bezug auf Öl Selbstversorger waren, wie es vor dem Zweiten Weltkrieg der Fall war, als die Vereinigten Staaten sich nicht nur auf ihre einheimischen Ölquellen verließen, sondern ebenfalls Hauptöllieferant für die Weltmärkte waren. Aber als die Vereinigten Staaten begannen, von Öllieferungen aus der Entwicklungswelt, aus Venezuela, dem arabischen Mittleren Osten und dem Iran abhängig zu werden, entstand ein deutlicher Interessenkonflikt zwischen den ölproduzierenden und den ölverbrauchenden Ländern. Dieser Konflikt drehte sich anfangs um den Streitpunkt der Preise. 1971 konnten die Ölproduzenten (OPEC) zum erstenmal die Ölpreise beeinflussen, die zuvor von den größeren Ölgesellschaften festgelegt wurden. 1973/74 verloren die Ölgesellschaften als Folge des Oktoberkriegs vorübergehend ihre Kontrolle über die Ölmärkte, was die Vervierfachung der Ölpreise ermöglichte. Dieser Krieg führte ebenfalls dazu, daß die Ölgesellschaften ihre Rolle in der Produktion abgaben, sie behielten jedoch ihre Rolle in der Verwaltung und im Marketing.

Man kann behaupten, daß seit 1974 eine offensichtliche Änderung in der Ölszene stattgefunden hat. Die Ölgesellschaften haben ihre Rolle zwischen den ölproduzierenden und -verbrauchenden Ländern aufgegeben. Gegenwärtig bestimmen die Regierungen der ölproduzierenden Länder, zumindest theoretisch, durch die OPEC die Preise und Mengen des produzierten Öls. Demgemäß versuchen die Regierungen der Ölverbrauchsländer, die Situation durch verschiedene diplomatische und politische Mittel zu bewältigen, um ihre Interessen zu wahren.

Obwohl die Rolle der multinationalen Ölgesellschaften unterminiert wurde und die nationalen Ölgesellschaften in vieler Hinsicht an deren Stelle traten, blieb die Art der Beziehung zwischen den Ölerzeugern und -verbrauchern mehr oder weniger dieselbe. Einerseits laufen die Interessen sowohl der Erzeuger als auch der Verbraucher insofern zusammen, als die Erzeuger Käufer für ihr Öl brauchen. Andererseits weichen die Interessen voneinander ab, da die Verkäufer versuchen, den höchstmöglichen Preis zu erzielen, während die Käufer darauf aus sind, einen möglichst niedrigen Preis zu bekommen. Es wäre möglich gewesen, bei der Festlegung des Ölpreises auf Konjunkturkräfte zurückzugreifen, wenn die Angelegenheit weniger kompliziert gewesen wäre. Es ist ein Faktum, daß die Ölerzeuger ein absolutes Interesse daran haben, ihre Quellen zu bewahren, d. h. sie nicht schnell zu erschöpfen. Für einige von ihnen ist Öl die einzige abbaufähige Quelle, und es ist wichtig, daß sie sich genügend Zeit lassen, nun die Öleinkünfte aufzufangen und sie in feste Anlagen umzuwandeln. Offensichtlich macht der Überfluß von Geldern diesen Prozeß recht kompliziert, und der Mangel an gelernten Arbeitskräften schafft eine größere Zwangslage und erhöht die Kosten der Entwicklung. Gleichzeitig unterwirft die Durchführung von Entwicklungsprojekten unter Beteiligung multinationaler Gesellschaften die Vermarktung der Produktion der Politik dieser Gesellschaften.

Ein weiterer wichtiger Punkt ist die Überzeugung seitens der ölexportierenden Länder, daß die künftige Nutzung von Öl und Gas als Rohmaterial für Petrochemikalien wertmäßig ihre Nutzung als Quelle billiger Energie für allgemeine Zwecke übersteigt. Es steht fest, daß viele Substitute für landwirtschaftliche und Nahrungsmittelprodukte aus Öl erzeugt werden könnten, und daher sollte der Preis für Öl als Rohmaterial höher sein als sein Preis als Energiequelle. Dies scheint in direktem Konflikt mit den Interessen der Industrieländer zu stehen.

Daher beruht die gegenwärtige Situation auf der Abhängigkeit von Öl als primärer Energiequelle, und es scheint, als bringe der augenblickliche Dialog zwischen den exportierenden und importierenden Ländern drei grundlegende Mechaniken mit sich: als erstes die Preise für Öl und Gas, zweitens die Menge an produziertem Öl und Gas und drittens die Währung, in der die Ölpreise angegeben werden. Es ist offensichtlich, daß die beiden ersten Mechaniken eng miteinander verknüpft sind, wie sich aus der Erfahrung von 1973/74 erkennen läßt, während sich die dritte Mechanik erst vor kurzem ergab.

Was die Ölpreise anbelangt, so scheinen die Ölproduzenten zwei unterschiedliche Ansichten zu vertreten. Die eine ist die, daß die Preise für Öl jeweils um die Inflationsrate angehoben werden sollten, um ein Gleichgewicht im Austausch von Gütern und Leistungen aufrechtzuerhalten (d. h. um konstante Handelsbedingungen zu wahren). Diese Ansicht wird insbesondere vom Iran, Irak, von Algerien und Venezuela getragen. Die andere Ansicht ist die, daß der Anstieg der Ölpreise nicht den Ölproduzenten zunutze käme, da er zu weiteren inflationären Drücken führen und die Preise für Waren für sie sowie die gesamte Welt erhöhen würde. Weiterhin würde ein solcher Anstieg weitere Überschüsse anhäufen, was für das internationale Währungssystem schädlich sein könnte. Diese Ansicht, die beinhaltet, daß ein Teil der monetären Überschüsse letztlich allen realen Wert verlieren könnte, wird von Saudiarabien und den übrigen Golfländern vertreten.

Aber es gibt immer mehr Anzeichen dafür, daß die Beschleunigung der Inflation nach der Stabilisierung der Ölpreise im Anschluß an den starken Preisanstieg von 1974 nicht nachgelassen hat. Aus diesem Zusammenhang heraus gesehen bedeutet dies, daß die Verbindung zwischen Ölpreisen und Inflation nicht sehr stark ist und daß Inflation ein bewußt gewählter Mechanismus zur Abschöpfung der Öleinkünfte war. Es scheint allerdings, als könne der Anstieg der Ölpreise die Nachfrage nach Öl zugunsten anderer Energiequellen beeinflussen. In diesem Zusammenhang läßt sich beobachten, daß Energieexperten in den Vereinigten Staaten die Auferlegung von Steuern auf den Kauf von Öl ins Auge fassen, anstatt die Preise zu erhöhen, um so die Übertragung der Preiszuwächse an die Erzeuger zu unterbinden.

Auf jeden Fall neigen die Ölerzeuger immer mehr dazu, ihre Ölquellen zu konservieren. Das hervorragendste Anzeichen dafür ist, daß das neue Regime im Iran ernsthaft die Senkung der Ölproduktion auf rd. 40 Millionen Tonnen pro Jahr gegenüber 300 Millionen Tonnen heute erwägt. Saudiarabien weist ebenfalls darauf hin, daß es die Produktion auf etwa 6 bis 7 Millionen Barrels pro Tag senken muß. Was diese Tendenz seitens der Erzeuger stützt, ist die Tatsache, daß sie sich der Versuche der Verbraucherländer (insbesondere der Vereinigten Staaten) bewußt sind, importiertes Öl auch unter Tage zu lagern. Dies kommt zu der bereits früher angesprochenen Schwäche des Dollars hinzu, die nicht auf strukturelle Ursachen in der amerikanischen Wirtschaft zurückzuführen ist, sondern eher ein Mittel zur Wertsenkung des gekauften Öls sowie zur Förderung amerikanischer Exporte darstellt.

Im übrigen waren wirtschaftliche Argumente nicht das einzige Mittel, um die Preise für Öl und Gas relativ stabil und die Ölerzeugung hoch zu halten. Diplomatische Mittel einschließlich Androhung der Besetzung von Ölfeldern und Erzeugung interner Spannungen sowie Entsendung von Kanonenbooten und Flugzeugträgern werden zu diesem Zweck eingesetzt. Zweifellos fällt die militärische Rolle Israels in diesen Rahmen. Es muß jedoch erwähnt werden, daß, obwohl diese Mittel einigen Erfolg zeitigten, sie ernsthafte Bedenken hervorriefen, am eindrucksvollsten dargestellt durch die iranische Revolution, bei der es sich um die erste Revolution der Geschichte handelt, die vor einem Hintergrund der Prosperität stattfindet.

Im Ausland befindliches arabisches Kapital

Nach der Erhöhung der Ölpreise im Jahre 1973/74 wurden von den Industrieländern verschiedene Mittel angewandt, um den Besitz von Öleinkünften seitens der Erzeuger verächtlich zu machen. Diese Einkünfte wurden mit Namen wie Petrodollar oder monetäre Überschüsse usw. belegt. Sie erhoben ebenfalls Zweifel an dem Verantwortungsbewußtsein der Ölerzeuger bei der Handhabung dieser Einkünfte und neigten dazu, die Auswirkung der Erhöhung der Ölpreise auf ihre Zahlungsbilanzen und die Fähigkeit des »Recycling«-Mechanismus zur Bewältigung der damit verbundenen Transferprobleme übersteigert darzustellen. Rückblickend hat es den Anschein, als sei es den Industrieländern bis zu einem bestimmten Maß gelungen, ihre Maßnahmen und Drohungen in folgende Konsequenzen zu übersetzen. Zunächst einmal gelang es ihnen, Ölpreise zu drücken und den Dollar als Preiswährung aufrechtzuerhalten. Zweitens konnten sie einige der Öleinkünfte durch Inflation abschöpfen, während sie gleichzeitig die Inflation auf einer Rate zwischen 10 bis 15 Prozent pro Jahr hielten, um durchschlagende finanzielle Schwierigkeiten für ihre Gruppen mit festem Einkommen zu verhindern. Drittens und letztlich gelang es ihnen, durch Eingrenzung des Investitionsumfangs von Geldern aus dem Recycling-Prozeß und durch Einschränkung dieser Gelder in erster Linie auf Grundbesitz und Hotels mögliche Einflüsse der Ölgelder auf nationale Wirtschaften einzudämmen.

Auf einer anderen Ebene gab es Druckrichtungen zur Verstärkung von Waffenkäufen durch die Ölländer. Israel wurde mit Rüstungsteilen und hochtechnisierten Waffen in großer Anzahl und zu niedrigen Preisen mit amerikanischer Finanzierung beliefert. Arabische Länder, die von westlichen Waffenlieferungen abhängen, mußten alte Waffen zu phantastisch hohen Preisen kaufen. Kleinere Kriege wurden angefacht, um Ausgabenvergeudungen herbeizuführen (z. B. der libanesische Bürgerkrieg). Der Zwang für den Iran, riesige Mengen von Waffen einzukaufen, ist ein zutreffender Fall: Diese Waffen haben nicht nur das

Potential für die sozio-ökonomische Entwicklung reduziert, sondern brachten das Land darüber hinaus in eine tragische Situation.

Es gibt Leute, die glauben, daß auf all dies keine Reaktion erfolgen und daß es durch den zeitweiligen trügerischen Reichtum, den das arabische Volk genießt, überschattet wird. Aber die Erfahrung mit dem Iran ist eine Lehre dafür, daß jedes Volk mit Gewalt reagieren wird, ob es nun in Armut oder im Überfluß lebt, wenn seine Integrität angegriffen und sein Recht auf eine bessere Zukunft bewußt mit Beschlag belegt wird.

Interessant war für mich als Beobachter der Konferenz das Auftreten der russischen Delegation. Sie forderte sehr drängend und kategorisch eine Erweiterung des Handels mit dem Ostblock, insbesondere des Handels mit der Sowjetunion, der zur Zeit eine Summe von 5 Milliarden Dollar mit allen arabischen Ländern erreicht hätte. Man sei in Rußland darauf eingerichtet, diesen Handel, vor allen Dingen den mit den östlichen arabischen Ländern – gemeint war in erster Linie Saudiarabien –, wesentlich zu verstärken und zu erhöhen. Die Reaktion der anwesenden saudischen Geschäftsleute und Politiker auf diesen etwas plumpen Umarmungsversuch war recht negativ. Unter vier Augen wurde mir wiederholt die Frage gestellt, wo denn eigentlich der Westen bliebe.

Insgesamt bleibt aber festzuhalten, daß gerade auch in den gemäßigten und konservativen Kreisen des Arabertums, die die Erscheinungsform des islamischen Regiments in Teheran ablehnen, ein Nachdenken über Nutzen und Grenzen des Technologietransfers und der raschen Industrialisierung ihrer Länder eingesetzt hat.

Kurz nach dem Krieg gab es eine Zeit, da war der Turnkey-job, propagiert von den Amerikanern, Trumpf: Man stellte eine Fabrik in die Wüste, übergab den Schlüssel – und damit hatte es sich dann. Zahlreiche Industrieruinen in der Welt zeugen von dieser Technik. Die nächste Phase dieses Technologietransfers brachte zwar eine wesentliche

Verbesserung des westlichen Angebotes, erweist sich heute, gerade unter dem Aspekt des Recycling, auch schon als verbesserungsbedürftig.

Die Widerstandsfähigkeit des Islams gegen den Marxismus ist eine der großen positiven Überraschungen im politischen Feld. Ich wage heute noch nicht, die Aussage zu machen, daß sich der Islam zu einem sehr elastischen Sperriegel zwischen dem Kommunismus und den afrikanischen Ländern entwickeln wird. Auch hier kann es aus der Unberechenbarkeit der Mystik Überraschungen geben bzw. hat es sie vielleicht schon gegeben.

Die Bedeutung der Besetzung Afghanistans wird an dieser Überlegung deutlich. So viel kann aber wohl gesagt werden, daß bisher kein arabisches Land freiwillig kommunistisch geworden ist, obwohl eine Anzahl von ihnen russische Hilfe entgegengenommen hat und entgegennimmt.

Die religiös integrierende und abschirmende Kraft des Islams nach außen hat nicht verhindern können, daß die arabischen Staaten untereinander zahlreiche Differenzen auszutragen haben. Dies gilt insbesondere für die afrikanisch-arabischen Staaten nach dem Friedensschluß zwischen Ägypten und Israel in Camp David.

Ägypten vereinigt auf sich etwa 40 Prozent des militärischen und des Bevölkerungspotentials der Araber. Es hat sich seinerseits in einem dramatischen Akt von den Russen abgewandt. Ich habe diese Entwicklung in Assuan unmittelbar miterlebt und war erstaunt über die mutige und rasche Reaktion der ägyptischen Führung auf die russischen Forderungen. Diese Kehrtwendung geschah vierzehn Tage vor dem erwarteten Besuch Breschnews in Assuan zur Einweihungszeremonie des Dammes.

Es wird ständiger Fühlungnahmen und Überlegungen auf breiter Basis und mit allen arabischen Staaten bedürfen, damit dieser innerarabische Konflikt sich nicht zerstörend für ganz Afrika auswirkt. Ein Außenstehender kann auf diese innerarabische, vom Islam geprägte Auseinandersetzung gar nicht oder nur sehr behutsam Einfluß nehmen.

6. Rohstoffromantik

Nach dem Ende des Zweiten Weltkrieges und nach der Stabilisierung der Wirtschaftsordnung von Bretton Woods sorgten ständige Zuwachsraten des Welthandels dafür, daß die Rohstoffversorgung der Industrieländer ohne große Probleme vor sich ging. Nachdem der Nachholbedarf des Krieges weitgehend gedeckt war, zeigten die Rohstoffpreise eine im ganzen sinkende Tendenz. Es war alles reichlich vorhanden. Die Nachfrage sank unter die produzierten Mengen. Man hatte sich auch in den Wachstumsraten verschätzt, indem man den einmaligen Nachholbedarf des Krieges mit in das normale Wachstum einbezog. Dies zeigte sich in Europa am krassesten Mitte/Ende der fünfziger Jahre auf dem Kohlemarkt. Die Substitution der Kohle durch das viel billigere Öl machte gerade in Europa erhebliche Schwierigkeiten in sozialer Beziehung. Eine Rohstoffeuphorie ließ Warnsignale – wie die Wirren in Katanga, die die dortige Kupferproduktion Anfang der sechziger Jahre weitgehend zum Erliegen brachten – ungehört verhallen.

Die Sowjetunion kokettierte mit der unerschöpflichen Schatzkammer Sibirien, wo unter dem Eis Millionen Tonnen aller in der Industriewelt benötigten Rohstoffe auf ihre Förderung warteten. Die Verbesserung der Explorationstechnik brachte große Lagerstätten in bisher nicht systematisch durchforschten Gebieten von den verschiedensten Rohstoffen ins Blickfeld. Romantische Schätzungen, die sich nicht durch besondere Sachkunde auszeichneten, sorgten dafür, daß festgestellte oder vermutete Mengen mit der Förderung gleichgesetzt wurden. Wenn alle jene Erzgruben, deren Ausbau Ende der fünfziger und im Lauf der sechziger Jahre an uns herangetragen wurde, tatsächlich ausgebaut worden wären, gäbe es heute nicht nur einen Überschuß an Erzen, es wäre dort auch ein Kapitalvolumen investiert worden, das sich niemals verzinst bzw. amortisiert hätte.

Die Ernüchterung trat ein, als Amerika im Lauf des Vietnamkrieges merkte, daß es zu einem Importland vor allem auf dem Ölsektor wurde – mit den entsprechenden Auswirkungen auf die Währungs- und Zahlungsbilanz.

Der Blitzschlag des arabischen Ölboykotts 1973 erhellte plötzlich auch die Rohstoffszene und ließ vieles in einem anderen Licht erscheinen. Aufgeschreckt durch die Erkenntnis der Abhängigkeit beim Öl von einer relativ schmalen Region auf der Welt, begannen die Politiker, darüber nachzudenken, wo die Rohstoffe für die verarbeitende Industrie herkommen, und stellten fest, daß eine ausreichende Rohstoffversorgung eine wesentliche Komponente zur Erhaltung von Millionen von Arbeitsplätzen und des Lebensstandards der Arbeiter ist. Im Verlauf dieser Überlegungen wurde die Tatsache einem weiten Kreis von Politikern und Wirtschaftlern bewußt, daß bei bestimmten Qualitätsmaterialien, vor allen Dingen den Metallen, die für technologische Spitzenleistung Voraussetzung sind, sich die Sowjetunion und der Süden Afrikas, im wesentlichen die Republik Südafrika und Rhodesien, das Monopol teilten. Ich erwähne hier nur Chrom, Vanadium, Mangan und Nickel. Der politische und wirtschaftliche Unfug der über das damalige Rhodesien verhängten Sanktionen wird am besten dadurch erläutert, wenn man verfolgt, wie die Russen durch Mittelsmänner in Rhodesien Chrom kauften und dieses dann mit einem Aufschlag von bis zu 15 Prozent und mehr an die USA weitergaben, die sich so lange in ihren gesetzgebenden Körperschaften mit dem Chromverbot aus Rhodesien aufgrund der Sanktionen gequält hatten.

Mit der Verschärfung der Energiesituation gewannen auch die großen Kohlenbestände im südlichen Afrika, die weitgehend im Tagebau gewonnen werden können, wieder an Bedeutung: Einmal für den Export, der anfing, wieder international interessant zu werden, zum anderen als

Ausgangsmaterial für Kohleverflüssigungsanlagen der SASOL, die demnächst 40 Prozent des Energiebedarfes Südafrikas decken werden. Das reichliche Vorhandensein von Uranerzen im südlichen Afrika bietet zudem auch bei der nuklearen Alternative auf dem Energiegebiet entsprechende Möglichkeiten.

Wenn man die afrikanischen OPEC-Länder – Libyen, Algerien und Nigeria – mit einbezieht, ist Afrika auf dem Gebiet der Rohstoffe und der Energie reicher als die Sowjetunion einschließlich des COMECON.

Es ist wahrscheinlich nicht übertrieben, wenn man feststellt, daß die um den Atlantik liegenden Industrieländer auch auf Energie und Rohstoffe Afrikas angewiesen sind bzw. sich diese Räume gegenseitig ergänzen.

Der Griff der Russen und Kubaner nach Angola und Mozambique hat die Frage ausgelöst, ob nicht das südafrikanisch-rhodesische Monopol für bestimmte Metalle aus dem nördlichen Raum Afrikas unterlaufen werden könne. Diese Frage hat auch bei manchen Kreisen des Westens, die auf dem linken Auge blind sind, Gefallen gefunden. Dabei wird jedoch übersehen, daß die Gruben in Rhodesien und Südafrika in Betrieb sind und die nötige Infrastruktur des Verkehrs vorhanden ist. Dieses alles muß im Norden erst weitgehend geschaffen werden.

Ich habe im letzten Sommer gesehen, wie mühsam über die einzige vorhandene Brücke bei den Victoria Falls die Kupferproduktion von Sambia transportiert wird im Austausch gegen den dort dringend als Nahrungsmittel benötigten Mais. Ich habe auch gesehen, wie diese mit Kupfer gefüllten Waggons den Bahnhof in Wankie verstopften, während weiter im Süden die südafrikanische Eisenbahn einen großzügigen Kohlentransport an die Küste organisiert hat.

Dieses kann in Zukunft großzügig gelöst werden, wenn die Gebiete zueinander finden.

Die im Boden liegenden Schätze eines Landes verlocken die Politiker häufig zur Rohstoffromantik. Man tut so, als wenn man diese Schätze nur aus der Truhe zu nehmen brauchte. Übersehen wird dabei, daß der Bau und die Inbetriebnahme eines Bergwerkes unter normalen Verhältnissen zwischen fünf und zehn Jahren brauchen, daß zu diesem Bergwerk Infrastrukturanlagen für Transport und Verwertung gehören, die sicherlich nicht in kurzer Zeit zu erstellen sind, daß vor allen Dingen aber die Menschen für diese Aufgaben geschult werden müssen.

Man hat es unter dem Eindruck der leichten Beschaffbarkeit und sinkenden Preise für Rohstoffe unterlassen, für die Zukunft durch entsprechende Investitionen vorzusorgen. Dieses ist eine der großen Aufgaben, die in Afrika von Nord und Süd gemeinsam angefaßt werden sollten, wobei der Markt sich im atlantischen Kräftefeld anbietet.

7. Das Gold und die Eurodollars

Südafrika erzeugt 59 Prozent der bekannten Weltförderung an Gold. Die Hügel mit dem goldenen Schimmer um Johannesburg sind Quelle und Ursprung eines ungewöhnlichen Industrieaufbaues im Laufe von knapp hundert Jahren, eines Aufbaues, der sich nicht nur wirtschaftlich, sondern auch militärisch gegen stärkere Gegner – seinerzeit das britische Empire – zu behaupten wußte.

Hier ist heute die Sowjetunion der große Gegenspieler.

Die USA haben, obwohl die amerikanische Wirtschaft stets an der Goldproduktion beteiligt war, dieses Metall mit Mißtrauen betrachtet. Die »fortschrittlichen« Finanztheoretiker, die die Inflation nicht scheuten und an dem Deficit-spending Gefallen fanden, versuchten, das Gold als einen wirtschaftlichen Anachronismus zu eliminieren. Als der Dollar sich vom Gold lösen mußte, weil weder Johnson noch Nixon die Kraft hatten, die durch den Vietnamkrieg bedingten Opfer dem amerikanischen Volk abzuverlangen, haben nur wenige die langfristigen Folgen dieser Entwicklung für die Leitwährung der westlichen Welt gesehen.

Einer, der dies klar übersah, war der Präsident Südafrikas, Diederichs, der mir einige Monate vor seinem Tod die Entwicklung, die das Gold nehmen würde, in einem längeren Gespräch geschildert hat. Man nannte ihn den Vater des Goldes. Und er hat als Finanzminister die Weichen für eine Politik gestellt, deren Früchte Südafrika heute erntet. Ich war beeindruckt von der Klarheit und Folgerichtigkeit seiner Überlegungen, die nach seinem Tod voll bestätigt wurden.

Die Demonetisierung des Goldes sollte dem internationalen Monetary Fonds über die Goldauktionen genügend

Mittel zuführen, um Stützungsaktionen bei den Entwicklungsländern vorzunehmen. Im Hintergrund stand sicherlich bei vielen die Hoffnung, daß man mit der Entmachtung des Goldes auch die Wirtschaft Südafrikas treffen könne, die sich zum Zeitpunkt der Beschlußfassung in einer gewissen Rezessionsphase befand. Vereinfachend gesagt, sollten die Ziehungsrechte das Gold als Währungsgrundlage ablösen. Die Kräfte des Marktes erzwangen jedoch eine Korrektur über den Preis in eine völlig unerwartete Richtung.

Das Steigen der Ölpreise schuf zusätzliche Mengen an Eurodollars, und zwar in dem Ausmaß, wie den OPEC-Ländern das Recycling in ihre eigene Wirtschaft hinein nicht möglich war. Als das Volumen auf über 500 Milliarden Dollar stieg, begann auch der Goldpreis zu steigen, weil die Gläubiger zu Recht der Meinung waren, daß sie eine Sicherung gegen die Dollarinflation, die inzwischen rasch weiterging, benötigten. Mit der Verschlechterung des politischen Klimas in der Welt, vor allen Dingen mit den zunehmenden Spannungen zwischen den USA und der Sowjetunion, stieg der Goldpreis in einer gewissen Relation zu den Ölpreisen der OPEC.

Die südafrikanische Wirtschaft profitierte in einem wohl kaum erwarteten Ausmaß von dieser Entwicklung, wie die Zahlungs- und Handelsbilanz für das Jahr 1979 klar ausweist. Südafrika erzielte einen Ausfuhrüberschuß in Höhe von 2,3 Milliarden Rand. Darin ist nicht die Ausfuhr von Gold und auch nicht die Einfuhr von Rohöl enthalten. Der Wert des Goldexportes wird auf das Dreifache dieses Überschusses, nämlich auf etwa 6 bis 8 Milliarden Rand, geschätzt. Diese Entwicklung und die hohe Steigerung der Mineralien- und Kohleausfuhr konnten auf dem Wege über den Financial Rand auch die Frage der Kapitaleinfuhr, an der die südafrikanische Wirtschaft lange krankte, befriedigend lösen. Ebenso konnten die großen Investitionen für das SASOL-Programm weitergeführt werden.

Nachdem die Eurodollars auf 1000 Milliarden angeschwollen sind (Dollarwert aller Bruttoauslandsforderungen der großen Banken der Welt in Amerika und den Ländern der Zehnergruppe, einschließlich der Schweiz, am Ende des dritten Quartals 1979), erhebt sich die Frage, ob man nicht von der Demonetisierung nunmehr zur Remonetisierung des Goldes kommen soll. Ich habe diese Frage häufiger angeschnitten, weil mir irgendeine Form der Stabilisierung der Eurodollarmengen erforderlich erscheint, um bei »Betriebsunfällen« einen Zusammenbruch des gesamten Marktes zu verhindern.

Ich bin dabei vor allem bei den offiziellen amerikanischen Stellen bis vor kurzem auf erbitterte Ablehnung gestoßen. Inzwischen hat sich in der internationalen Finanzwelt die Erkenntnis durchgesetzt, daß doch etwas zur Stabilisierung des Eurodollarmarktes geschehen muß. Es wurde der Gedanke des Substitutionskontos mit vermehrter Energie entwickelt. Hier soll das Gold in einer Größenordnung von zunächst 50 Milliarden Dollar seine Stabilisierungsfunktion ausüben können. Nach den Vorschlägen des amerikanischen Unterstaatssekretärs im Schatzamt, Salomon, scheint dieser Weg jetzt auch der amerikanischen Verwaltung geboten zu sein.

Auch wenn sich das Gold nicht auf den schwindelnden Höhen, auf denen der Goldpreis sich heute befindet, hält, hat dessen Aufwertung die Struktur der südafrikanischen Wirtschaft bereits entscheidend verändert und verbessert, ebenso die Grundlage für die Durchführung der wirtschaftlichen und politischen Planungen, von denen später noch zu reden ist.

Afrika hat mit der Renaissance des Goldes im internationalen Spiel eine möglicherweise entscheidende Runde gewonnen.

8. Ernährung und Industrialisierung

Die Römer haben, nachdem sie in den drei Punischen Kriegen teilweise unter dem Einsatz der letzten Reserven sich die Seeherrschaft im Mittelmeer erkämpft hatten, ihr Imperium um das Mittelmeer herum auf drei Fakten begründet. Das waren:

1. die römischen Legionen,
2. die römische Währung,
3. die Fähigkeit, die Ernährung der Anrainer des Mittelmeeres sowohl von der Erzeugung als auch vom Transport her sicherzustellen.

Diese Vorbedingungen würden heute weder die USA hinsichtlich der Währung noch die Sowjetunion hinsichtlich der Ernährung erfüllen können.

Wenn wir die Lage Afrikas in dieser Hinsicht untersuchen, sollten wir uns ins Gedächtnis zurückrufen, daß Nordafrika, weite Teile des Maghreb, damals zu den Kornkammern Roms zählten, Gebiete, die in der Zwischenzeit Wüste oder Steppe geworden sind.

Die Regierungen der Maghreb-Staaten sind bestrebt, die Anbauflächen wieder zu vergrößern, die Ölerträge in die Landwirtschaft zu reinvestieren.

Ägypten versucht, seine Anbaufläche über die Nilregulierung durch den Assuandamm zu vergrößern. Das Urteil über den Nutzen des Dammes für die Landwirtschaft schwankt, weil man Versalzungserscheinungen im Nildelta als Folge der verringerten Geschwindigkeit der Strömung beobachtet haben will. Die frankophonen Länder und Kenia können ebenso wie der Sudan ihre Ernährungsbilanz ausgleichen. Die Sahelzone ist bereits heute ein Notstandsgebiet.

Die Ernährungssituation der Staaten südlich des Äqua-

Liefern Sie mir bitte über die Buchhandlung:

...... Expl. Jens, **Alternativen zur Macht** 28 DM
...... Expl. Drucker, **Management** 36 DM
...... Expl. Köpf, **Je höher der Absatz...** 20 DM

Datum: Unterschrift:

Land

(D = Deutschland, CH = Schweiz, A = Österreich etc).
Absender bitte „computergerecht" in Blockschrift eintragen. Ein Kästchen = ein Buchstabe.

PLZ Ort

Zuname

Vorname

Herr Frau Firma

Straße, Hausnummer

Bitte als Postkarte frankieren

Werbeantwort

ECON
VERLAGSGRUPPE
Postfach 9229

4000 Düsseldorf 1

tors bis zum Sambesi hat sich laufend verschlechtert, im wesentlichen als Folge der Sanktionen gegen Rhodesien. In einigen Staaten, wie Sambia und Malawi, kann nur der Lebensmittelnachschub aus Südafrika akute Hungersnöte abwenden. Die südafrikanische und rhodesische Landwirtschaft sind dagegen in der Lage, nicht nur ihre eigene wachsende Bevölkerung zu ernähren (man rechnet bis zum Jahr 2000 mit einer Verdoppelung), sondern diese beiden Regionen zählen zu den sechs führenden Nahrungsmittelexportländern der Welt, vor allem in Richtung der nördlichen Nachbarstaaten. Diese Kapazität angesichts der stark wachsenden Bevölkerung (teilweise über 2,5 Prozent pro Jahr) auszubauen, wird eine marginale gemeinsame Aufgabe der afrikanischen Staaten in den kommenden Jahrzehnten sein.

Die großen Stromsysteme von Sambesi, Ruacana und Kongo bieten umfangreiche Bewässerungsmöglichkeiten für neue Acker- und Weidegebiete. Es gibt ein Sprichwort, das besagt, daß in zwanzig Jahren von vier Afrikanern drei in der Stadt leben werden und der vierte sie alle mit Lebensmitteln versorgen muß. Hier liegt ein entscheidendes Problem kommender Jahre.

Die vorgesehene Industrialisierung auch der mit Energie und Bodenschätzen gesegneten Länder wie etwa Nigeria braucht Zeit. Man kann nicht die Agrarstruktur, basierend auf der Stammesordnung, zerstören, bevor die Industrie die frei werdenden Arbeitskräfte absorbieren kann. Auch der Gedanke, die Schlüsselkräfte draußen einzukaufen, statt sie aus dem eigenen Bestand heranzubilden, hilft nicht weiter. Die systematische Steigerung der Ernährungsproduktion unter gegenseitiger Abstimmung und von Süden nach Norden fortschreitender Ausdehnung der Nahrungsmittelerzeugung ist der erfolgversprechende Weg. Afrika besitzt die Möglichkeiten, seine Nahrungsmittelbilanz auch bei wachsender Bevölkerungszahl ins Gleichgewicht zu bringen, wenn man alle Möglichkeiten miteinander und nicht gegeneinander nutzt. Dazu gehört auch ein vorsichtiges Umgehen mit der Bevölkerungsstruktur auf dem Lande.

Es gibt genug Beispiele überstürzter Industrialisierung, wo dann schließlich die Arbeitskräfte sowohl in der Industrie als auch in der Landwirtschaft fehlen und statt dessen als Gelegenheitsarbeiter in den Slums der neuen Großstädte ein kümmerliches Dasein fristen.

9. Das atlantische Kräftefeld

In den letzten beiden Jahrhunderten gewann der Atlantik an Bedeutung. Das Mittelmeer behielt auch in den beiden letzten Weltkriegen – und das eigentlich bis heute – eine gewisse Schwerpunktrolle neben dem Atlantik.

Aus den Überlegungen der Sieger des letzten Krieges in Jalta gingen die Vereinten Nationen hervor, eine Organisation, die die ganze Welt umfassen sollte. Ihr Vorgänger war nach dem Ersten Weltkrieg der Völkerbund gewesen, dem sich das amerikanische Volk verweigert hatte und der infolgedessen seine Aufgabe nie voll erfüllen konnte. Aus diesen Fehlern hatten die Verbündeten, vor allem Amerika, gelernt und sich nach dem Zweiten Weltkrieg stark für die Vereinten Nationen engagiert.

In dem Abkommen von Bretton Woods wurde erstmals der Versuch gemacht, eine, wenn auch lose, Weltwirtschaftsordnung zu schaffen. Sie erwies sich zunächst nach dem Krieg in der Wiederaufbauzeit als das Kernstück der Organisation der Vereinten Nationen. Unter ihrer Ägide machte der Welthandel beachtliche Fortschritte. Die Zusammenarbeit zwischen den alten Industrienationen und den jungen, aufstrebenden Ländern – wie Mexiko, Brasilien, Argentinien, Indonesien, um nur einige zu nennen – entwickelte sich zügig und verhalf den jungen Industrieländern zu einem guten Start. Die Wirtschaft der Industrienationen hat in diesen Jahren den Fortschritt, der überall in der Welt erzielt wurde, getragen. Ein freier Handel und die soziale Marktwirtschaft beflügelten diese Entwicklung und trugen entscheidend zur Erhöhung des Lebensstandards in alten und jungen Industrienationen bei. Daß nicht alle Länder auf der Welt in diesem Tempo mithalten konnten, schuf gerade bei den jungen Nationen Antipathien, die sich in erster Linie gegen die Industrieländer richteten.

Bretton Woods war auf den Dollar als Leitwährung programmiert, der nach dem Krieg die stärkste Währung der Welt war. Im Zuge des Vietnamkrieges verlor er zunehmend an Härte. Die Amerikaner waren nicht bereit, ihre Währung international zu verteidigen. Sie glaubten, daß dies eigentlich Angelegenheit ihrer Verbündeten sei, die auf diese Weise einen angemessenen Beitrag zu den Kriegskosten leisten sollten.

Statt dessen entwickelte sich das Phänomen der Eurodollars, ein unkontrolliertes, aber funktionierendes Währungssystem, das jedoch die Spielregeln von Bretton Woods zunehmend außer Kraft setzte. Mit der Lösung des Dollars vom Gold hatte Bretton Woods praktisch aufgehört zu existieren.

An der Stelle einer noch unter den Einwirkungen des letzten Krieges geschaffenen Wirtschaftsordnung entwikkelte sich ein Vakuum, in das die Entwicklungsländer mit ihrer auf einer Verteilung der Ressourcen der Industrieländer basierenden Forderung nach einer neuen Weltwirtschaftsordnung einzudringen versuchten. Dieser Versuch scheiterte ebenso wie das Bestreben der Vereinten Nationen, eine Art Weltregierung zu sein anstelle eines reflektierenden Welttheaters. Wesentlich für dieses Scheitern war, daß sich die Staaten des Ostblocks einer konstruktiven Zusammenarbeit entzogen mit der Behauptung, daß die Probleme der Entwicklungsländer von den kapitalistischen Kolonialstaaten verursacht seien und von diesen auch gelöst werden müßten. Der Ostblock bereitete sich darauf vor, in das entstehende Vakuum einzudringen. Angola, Mozambique und die Ereignisse am Horn von Afrika sind eindrucksvolle Beweise dafür.

Während die Glaubwürdigkeit der Vereinten Nationen als politische und wirtschaftliche Ratgeber der Welt erschüttert und ihre Führungsfähigkeit immer schwächer wurde, gewannen die regionalen Bereiche aus ihren geographischen und historischen Verbindungen heraus wieder an Gewicht.

Unauffällig, wie sich die wirklich wichtigen Entwicklungen in der Historie anzubahnen pflegen, zeichnet sich in diesem Vakuum die allmähliche Bildung von Kräftefeldern ab, die ohne politischen oder militärischen Verbund maßgeblich auf die Entwicklung der Welt einwirken können.

Nach dem Ende von Bretton Woods und dem mißglückten Eingreifen der Amerikaner in Vietnam schoben sich über die Vereinten Nationen jene Kräfte in den Vordergrund der Weltbühne, die eine Umverteilung der Ressourcen einseitig zu Lasten der Industrienationen anstrebten. Während der Westen versuchte, auf diese globalen Forderungen durch die Konzipierung der Entwicklungshilfe einzugehen, zeigte sich, daß Interessenlage und Ausgangssituation der Entwicklungsländer (*Gruppe der 77*) grundsätzlich verschieden waren und sich nur im Negativen, nicht im Konstruktiven solidarisieren ließen. Der Ressourcentransfer fand von den Industrieländern zu den arabischen OPEC-Ländern schneller als erwartet statt; er brachte aber den armen Entwicklungsländern nur neue Nöte und Schwierigkeiten.

In den siebziger Jahren, in denen sich diese Schwächung der Weltorganisation leise, aber unaufhaltsam vollzog, verstärkten sich die politischen, militärischen und wirtschaftlichen Spannungen – oft bis zur Gefahr des großen Krieges.

Gleichzeitig vollzog sich im atlantischen Raum der Aufstieg der lateinamerikanischen Nationen, gewann Europa an Gewicht im Welthandel, vor allem mit seinen Nachbarländern, bestand der Eurodollarmarkt trotz aller pessimistischen Prognosen im großen und ganzen seine Bewährungsprobe für das Recycling der im Ressourcentransfer frei gewordenen Geldmengen.

Hier liegt der Beginn des Kräftefeldes um den Atlantischen Ozean.

Im geographischen Bereich dieses Kräftefeldes liegen die USA, Kanada, Lateinamerika, die Europäische Gemeinschaft und auch Afrika. Dieses atlantische Kräftefeld sollte keinesfalls mit der NATO identifiziert werden. Und es sollte auch nicht das Ziel der NATO sein, diese atlantischen

Partner des Kräftefeldes zu integrieren. Dazu sind die politischen Auffassungen viel zu unterschiedlich. Die Zusammenarbeit im atlantischen Kräftefeld sollte Aufgabe von Diplomatie und Wirtschaft sein und so lose bleiben, daß vorhandene Gegensätze der Partner dieses Kräftefeldes nicht zur Sprengung oder zu Streitigkeiten führen. Der geographische Verbund und die wirtschaftlichen Gegebenheiten sollten als Gemeinsamkeit genügen. Es bedarf keiner Organisation. Fallweise gemeinsame Aktionen bleiben Sache von Diplomatie und Wirtschaft.

Was bietet dieses Kräftefeld seinen Staaten und der übrigen Welt?

1. Zunächst die Gewißheit, daß aus seiner Getreide- und Nahrungsmittelproduktion die ausreichende Ernährung der Menschen in der übrigen Welt sichergestellt werden kann. Nur Amerika, Kanada, Argentinien und Südafrika bieten die Gewähr, daß lebensbedrohende Defizite an Brotgetreide und Futtermitteln, wie sie bisher in regelmäßigen Abständen aufgetreten sind und weiter auftreten werden, gedeckt werden können. Nur die Anrainer des Atlantischen Ozeans (zuzüglich Australien und Neuseeland) sind bis zum Jahr 2000 aufgrund ihrer industriellen Infrastruktur zuverlässige Agrarexportländer.
   Diese Tatsache ist für die derzeitige Menschheit wahrscheinlich wichtiger als die Ölversorgung durch die OPEC-Länder. Es wird nur viel weniger Geschrei darum gemacht – und sie wird von vielen jungen Ländern nur ungern zur Kenntnis genommen.
2. Noch ist nicht sicher, ob die arabische Welt, die bisher trotz aller Härten eine vorsichtige, in das westliche System integrierte Finanz- und Anlagepolitik betrieben hat, sich auf die Dauer dem atlantischen Kräftefeld als zugehörig betrachten wird, was die atlantische Diplomatie aber anstreben sollte.
   Sicher ist, daß auf längere Sicht, auch wohl bis zum Jahr 2000, der mexikanisch-amerikanisch-kanadische Raum sich von der nahöstlichen Ölversorgung lösen wird und

damit die Anrainerstaaten des Atlantiks zum mindesten entlasten, wenn nicht sogar unterstützen kann.

Nimmt man die Kohlevorkommen Südafrikas und Europas einschließlich der aus Kohleverflüssigung und -veredelung real entwickelten Möglichkeiten, die Option der Kernenergie, die Hydroelektrik sowie die Sonnen- und biologische Energie hinzu, so läßt sich um den Atlantik ein Energieverbund entwickeln, der eine angemessene Versorgung des Wachstums aller Partner für die nächsten Jahrzehnte mit Sicherheit garantiert, sofern jeder bereit ist, seinen Teil beizutragen.

3. Die Rohstoffreserven Afrikas südlich des Äquators sichern vom Gold über Chrom, vom Uran bis zum Eisenerz die Versorgung des atlantischen Raumes bei vernünftigen Wachstumsraten über Jahrzehnte. Sie liegen nicht unter einer meterdicken Eisschicht verborgen wie die der sibirischen Schatzkammer.

Dieses Kräftefeld ist bestimmt durch ein freiheitliches Verhältnis der Partner zueinander. Das Bewußtsein der eigenen Identität schafft die dafür notwendige Sicherheit der einzelnen Gruppen, auch gegenüber anderen Nationen.

Die mit dem Leistungsprinzip verbundene freie Marktwirtschaft hat sich trotz mancher Abweichungen und Sündenfälle als motorische Kraft erwiesen.

Solange die Menschheit wächst, ist ökonomisches Wachstum unverzichtbar und muß Vorrang vor Gleichmacherei und übertriebenem Umweltschutz haben. Jeder Versuch, das Wachstum aus ideologischen Gründen zu lähmen oder zu stoppen, fördert die Kriegsgefahr auf dieser Erde und schafft mehr Not und Elend als Entwicklungshilfe je kompensieren kann.

Ideologische Unterschiede und Differenzen in diesem stürmischen Kräftefeld sollen nicht geleugnet werden. Sie können aber durch die Dynamik der Entwicklung überbrückt werden, solange es nicht zur Blockbildung kommt oder einige Nationen sich anmaßen, überhebliche, moralisierende Urteile über das innere Verhalten anderer zu fällen.

Das zwanzigste Jahrhundert wird, wenn es zu Ende ist, mit zwei Weltkriegen, Genoziden, Vertreibung ganzer Nationen und Zerstörung von bestehenden Kulturen für alle handelnden Nationen wahrscheinlich schlechter abschneiden als seine Vorgänger.

Es besteht daher kein Grund für pharisäische Zensuren gegenüber einzelnen Nationen. Menschenrechtsdeklarationen, die nach Öl riechen, sind nicht besonders wirkungsvoll; sie sollten im Interesse der Menschenrechte behutsamer gehandhabt werden.

Das Schwächerwerden von Weltinstitutionen wie der Vereinten Nationen setzt Kräfte frei, die sich im Auftrieb regionaler Entwicklungen betätigen können. Hier ist wirklicher Fortschritt, der den menschlichen Individuen zugute kommt, möglich. Die Gefahr, daß es dabei zu Gleichgewichtsstörungen kommt, ist gegeben. Sie kann nur vermieden werden, wenn die fortgeschritteneren Partner in diesen Kräftefeldern bereit sind, politische Verantwortung zu übernehmen. Frieden wird nicht durch Abstinenz, sondern durch verantwortungsvolle Mitgestaltung in diesen Kräftefeldern erhalten und geschaffen. Die Schaffung eines eindrucksvollen sozialen und wirtschaftlichen Potentials zu Hause genügt nicht, ebensowenig die Flucht in die Kollektivität einer Weltorganisation. Den besiegten Nationen des Zweiten Weltkrieges, etwa Deutschland und Japan, stand eine Periode außenpolitischer Abstinenz wohl an. Dreißig Jahre nach Kriegsende muß die handelnde Generation in der Bundesrepublik aber bereit sein, ihre wirtschaftlichen und geistigen Möglichkeiten maßvoll und überlegt in diesem diplomatischen Kräftespiel einzusetzen.

Die USA sind nicht bereit, allein die Bürde der Verteidigung zu tragen. Die Europäer müssen ihren Anteil mittragen und sind aufgerufen, mitzuhelfen, daß dieses freiheitliche atlantische Kräftefeld erhalten bleibt.

Der Osten muß wissen, daß ein gewaltsames Einwirken in dieses Feld das Ende der Koexistenz nicht nur mit den USA, sondern auch mit den Kräften des Atlantikpaktes bedeuten kann und daß gewaltsamen Verschiebungen in diesem

Kräftefeld, auch durch Stellvertreter, eine entschlossene Abwehr entgegentritt, wie dies Frankreich praktiziert hat.

Wenn die atlantischen Nationen zur Übernahme dieser politischen und diplomatischen Verantwortung bereit sind, werden die Weichen der letzten zwanzig Jahre dieses Jahrhunderts in Richtung Fortschritt und Wachstum gestellt sein.

Zu dem Öl in den Händen der OPEC, dem Getreide in den Händen der atlantischen Industriestaaten ist in den letzten Wochen das Gold getreten, dessen Mengen maßgeblich von Südafrika beeinflußt werden. Es liegt an den im atlantischen Kräftefeld verankerten Partnern, diese drei Essentials für Leben und Wohlfahrt der Menschheit kooperativ einzusetzen. Erpressungsversuche mit diesen Essentials führen ähnlich wie Sanktionen zu gegenteiligen statt zu den von den Verursachern beabsichtigten Ergebnissen.

Afrika ist der jüngste Erdteil, der jetzt als Gesamtheit handelnd in die Weltgeschichte eintreten kann. Bisher sind die afrikanischen Völker immer Objekt der geschichtlichen Entwicklung gewesen und von fremden Völkern, den Arabern und den Europäern, beherrscht worden. Das sich bildende atlantische Kräftefeld bietet den afrikanischen Ländern die Chance, mit ihrer eigenen Identität jetzt handelnd aufzutreten.

10. Afrikanische Identität und Wachstum

Die Angelsachsen, die Spanier und die Portugiesen haben bei der Eroberung und Besiedlung des amerikanischen Kontinents ihre eigene Identität mitgebracht. Die »Hispanidad« verbindet weite Teile Lateinamerikas kulturell und geistig mit Spanien. Das gleiche gilt für die lusitanische Mentalität zwischen Portugal und Brasilien. England und die USA haben trotz aller Kontroversen die Special relationship über zwei Jahrhunderte bis heute erhalten. Die Ureinwohner des amerikanischen Kontinents, die Indianer, sind untergegangen oder in den drei Kulturgemeinschaften aufgegangen. Soweit sie sich innerhalb dieser Völkergemeinschaften erhalten haben – beispielsweise der mexikanische Indio –, sind sie auf diese Hispanidad ansprechbar.

In Afrika liegt dieses Problem grundsätzlich anders. Die Araber sind als Eroberer aus einem anderen Kontinent gekommen. Sie haben bis zum Äquator hin die Ureinwohner und deren Religion in den Islam integriert. Durch seine Toleranz, aber auch durch die Intensität seiner Mystik herrscht der Islam in großen Teilen Afrikas, ohne daß er sich völlig gegenüber anderen Religionen und Kulturbereichen durchgesetzt hat. Auch den afrikanischen Arabern stellt sich die Frage ihrer Identität gegenüber dem industriellen und technologischen Ansturm, der zu neuen Lebensformen drängt. Die Frontstellung ist hier in erster Linie gegen den Westen gerichtet, weil zunächst aus den westlichen Industrieländern der Import der Technologie und der industriell geprägten Geisteshaltung gekommen ist. Hier steht aber auch das marxistische Gedankengut der Sowjetunion bereit, um etwaige Risse im islamischen Gebäude auszumachen und von daher einzudringen. Die

Bereitschaft – beispielsweise Libyens, Algeriens und in früheren Jahren Ägyptens –, russische Waffenhilfe anzunehmen, hat meistens abrupt geendet, wenn das Eindringen des Marxismus begann. Ähnliche Erfahrungen ergeben sich heute zum Beispiel auch im Irak.

Im schwarzen Teil Afrikas scheint mir das Problem der Identitätsfindung noch sehr viel größer zu sein. Die afrikanische Identität ruhte in den Stammesbindungen. Sie gab der einzelnen Persönlichkeit weniger Raum als der Gebundenheit des Stammes. Diese Identität ist regional verwurzelt. Es ist erstaunlich, daß die nach Amerika verbrachten schwarzen Sklaven teilweise – beispielsweise in den mittelamerikanischen Ländern – eine eigene Identität und Kultur dort wiederentwickelt haben, die aber nur wenig von ihren afrikanischen Urbestandteilen aufweisen. Die Verbindung ist fast völlig verlorengegangen. Sie wird erst heute wieder gesucht.

Der geschickte Schachzug der Russen, die Kubaner in Afrika als »Stellvertreter« einzusetzen, ist daher nur teilweise aufgegangen. Es ist sicherlich für einen Kubaner leichter als für einen Weißrussen oder Ukrainer, sich den afrikanischen Verhältnissen, vor allen Dingen auch den klimatischen, anzupassen. Die mentalitätsmäßigen Bindungen sind jedoch auch zu den Kubanern nicht vorhanden. Sie werden genauso als Fremdkörper empfunden, wie dies bei den Weißen der Fall ist. Sie gehören auf jeden Fall auch einem anderen Stamm an. Welche Rückwirkungen die Heimkehr dieser Truppen, die sich doch als Besatzungsmacht fühlen, in ihre Heimat haben wird, bleibt abzuwarten. Sie sind, im Gegensatz zu den Erwartungen der Sowjets, kein integrierendes Element in Afrika, sondern ein rein militärisches.

Die einzelnen schwarzafrikanischen Länder sind sehr unterschiedliche Wege gegangen, die Identität ihrer Völker zu behandeln. Teilweise hat man versucht, mit zentralen Maßnahmen die Stammesbindungen zu zerstören und eine »Nation« zu schaffen.

Die im Westen ausgebildete Intelligenz und die in

Moskau geschulten Kader aus den verschiedenen Ländern drängen in Richtung der zentralen Staatsbildung. Sie wollen in ihrer Mehrzahl die Stämme vernichten bzw. entmachten. Sie fürchten vor allen Dingen die durch die Geschichte erwiesene Tatsache, daß bei einem Angriff oder der Auflösung der bestehenden Ordnung die Stämme gegeneinander gehen und es zu blutigen Auseinandersetzungen kommt, wie wir sie beispielsweise in Katanga, Zaire, Biafra, aber auch an anderen Stellen erlebt haben. Die erfolgreichen Führer der einzelnen afrikanischen Länder haben sich auch in erster Linie als Häuptlinge ihrer Stämme – teilweise über mehrere gesetzt – begriffen.

Das dritte Modell sind die Homelands in Südafrika, die sich inzwischen als autonome Staaten (autonomous states) bezeichnen. Marxisten und gewisse Intellektuellenkreise haben aus naheliegenden Gründen international versucht, dieses Modell zu verfemen und unglaubwürdig zu machen – als eine Scheinlösung. Mittlerweile ist es jedoch so weit praktiziert, daß es nicht mehr aus der Welt geschafft werden kann; es ist eine Realität geworden, mit der man sich auseinandersetzen muß. Dieses Modell fußt auf der Tatsache, daß es »weiße« Afrikaner gibt – eben die Buren –, die kein anderes Vaterland als Afrika haben, und daß man ein Zusammenleben zwischen Schwarz, Braun und Weiß mit langen Fristen in diesem reichen Land praktizieren kann.

Die Vermengung rassischer Gesichtspunkte mit dem Identitätsstreben der Schwarzen, das ja durchaus nicht auf Südafrika beschränkt ist, ist falsch und unlogisch. Vom afrikanischen Standpunkt erscheint es mir auch deswegen gefährlich, weil sich diese Vermischung eines Tages als ein Bumerang für die dreißig Millionen Nichtweißen in Nordamerika und die erheblichen farbigen Minderheiten in England auswirken könnte, woran vernünftigerweise auf beiden Seiten kein Interesse bestehen sollte.

Die hohen Wachstumsraten der afrikanischen Bevölkerung machen die Frage der afrikanischen Identität dringend. Die Entwicklung der Landwirtschaft mit afrikanischen Methoden wird wahrscheinlich nicht geeignet sein, auch nicht bei entsprechender Unterstützung durch die Weltbank und andere Organisationen, den Nachwuchs auf dem Lande zu halten. Er wird in die Städte drängen und dort schnell verproletarisieren, wenn es nicht gelingt, geeignete Auffangmöglichkeiten und Arbeitsplätze zu schaffen. Im Interesse der Gesamtheit der afrikanischen Staaten müßte es liegen, die Stammesbindungen soweit wie möglich zu erhalten und in moderne Formen zu überführen, die eine Industrialisierung bei Erhaltung der Stammesbindungen zulassen. Ob und wieweit dieses möglich ist, ist eine Frage der praktischen Anwendung, nicht der Theorie. Entscheidend scheint mir der Arbeitsplatz zu sein. Darin unterscheiden sich die afrikanischen Verhältnisse nicht von den europäischen.

Die Beendigung der Kolonialisierung und neue Formen haben ein Absinken der Effizienz der afrikanischen Wirtschaft mit sich gebracht. Das sollte nicht als Vorwurf gegen die jungen Länder empfunden werden, sondern ist eine natürliche Entwicklung bei einer derartig tiefgreifenden Umstellung. Es kommt nur jetzt darauf an, die Effizienz der Wirtschaft schnell wiederherzustellen, zumindest aber zu verbessern. Daß dies möglich ist, zeigen einzelne Länder wie beispielsweise Kenia, worüber später noch berichtet wird.

Festgehalten werden sollte, daß die Suche nach Identität ein ernst zu nehmendes, dringendes Anliegen der Afrikaner ist. Ich hatte vor drei Jahren die Möglichkeit, den Regierungschef des in Bildung begriffenen Homelands Lebowa, Phatudi, mit seinen Regierungsmitgliedern ins Ruhrgebiet einzuladen. Wir hatten Gelegenheit, die Möglichkeiten, auch der wirtschaftlichen Verbindungen, eingehend zu erörtern, und ich konnte ihm Gelegenheit geben, dies in der Praxis zu sehen und mit in der Praxis erfahrenen Leuten zu besprechen. Dabei kam die Frage der Identität immer wieder zum Ausdruck, und ich meine, daß dieses zu Recht als Angelpunkt der gesellschaftlichen Ordnung und der Staatenbildung in Schwarzafrika betrachtet wird. Die Stammesbindungen sind schnell mit Gewalt zerbrochen. Es gibt dann aber unter den heutigen Verhältnissen wahrscheinlich keine Möglichkeit, sie wiederherzustellen.

Wir haben bisher nur in Europa und in Amerika Erfahrungen mit dem Aufbau einer industriellen Gesellschaft und sollten sehr behutsam sein, diese Erfahrungen auf ethnisch ganz anders gelagerte Länder anzuwenden; vielmehr sollten wir ihnen beim Entwickeln anderer, ihnen vielleicht gemäßerer Modelle helfen.

11. Die »sinische« Werkstatt am Pazifik

Über lange Jahrhunderte hat Afrika mit seinen wesentlichen Teilen außerhalb der Zonen gelegen, in denen sich die Weltgeschichte abgespielt hat. Das gilt nicht nur für die Historie, sondern gilt auch für wirtschaftliche Entwicklungen.

Es zeichnet sich zur Zeit nicht ab, daß irgendwelche Bewegungen in Afrika eine dominierende Rolle zwischen den Kontinenten international spielen könnten. Für viele Afrikaner, die sich immer noch über die Befreiung vom Kolonialismus freuen, könnte sich daher die Frage stellen, ob es für die Bewohner Afrikas nicht von Vorteil wäre, wenn man sich aus allen Bindungen auf dieser Welt heraushält, also ein isoliertes Dasein führt.

Diese Möglichkeit scheint mir aus zwei Gründen nicht gegeben zu sein: Einmal aus der Überlegung heraus, daß ein politisches Vakuum starke Kräfte von außen anziehen wird, die die Rohstoffbasen und die Versorgungswege beherrschen möchten. Zum anderen aber, weil nach dem Ende von Bretton Woods und dem Nachlassen des Einflusses der Vereinten Nationen die »Regionen« auf dieser Erde in Bewegung geraten sind.

Das atlantische Kräftefeld, von dem im vorstehenden gesprochen wurde, steht nicht alleine da. Ein anderes Feld der Integration bildet sich im Südostraum Asiens mit der Tendenz, eines Tages auch über den Pazifik überzugreifen. Das international größte Wachstumspotential dieser Erde liegt zur Zeit in diesem Raum. Die am raschest wachsenden Volkswirtschaften sind die von Südkorea, Singapur, Hongkong und Taiwan. Diese Gebiete haben die enorme Arbeitslosigkeit, die sie in den sechziger Jahren bedrückte, durch die Errichtung von arbeitsintensiven Industrien weitgehend überwunden. Unter der Führung des energischen Ministerpräsidenten von Singapur, *Lee Kuan Yew,* sind sie inzwischen in die Phase der zweiten industriellen Revolution, die die Automatisierung und Rationalisierung vorwärtstreiben soll, eingetreten. Singapur hat zwischen 1965 und 1973 die höchsten Wachstumsraten der Welt erzielt; Südkorea steht auf dem dritten Platz, Taiwan auf dem fünften. Dabei muß man wissen, daß diese Wachstumsraten pro Jahr 10 Prozent überschritten haben. Die Ansiedlung westlicher Industrien hat in diesen Räumen auch ein Facharbeiterpotential geschaffen, das bereits heute voll einsatzfähig ist und jederzeit aus den Nachbarländern erweitert werden kann. Hier hat man nicht über den Transfer der Technologie gesprochen, sondern praktiziert ihn seit etwa zwölf Jahren. Dieser Kern ist eine ökonomische Realität.

In der Zwischenzeit sind zwei Ereignisse von größter politischer und wirtschaftspolitischer Bedeutung eingetreten: der chinesisch-japanische Handelsvertrag (1978) und die allmähliche Verbesserung der politischen und wirtschaftlichen Beziehungen zwischen den Vereinigten Staaten von Amerika und China (Januar 1979).

Führt man, von dem harten Kern ausgehend, dieses Gedankenspiel weiter, so kann man sich eine neue Wirtschaftsgemeinschaft am Pazifik denken, die durch folgende Zahlen beeindruckt: Fast die Hälfte der Weltbevölkerung lebt am Rande dieses großen Ozeans. Der Raum produziert 45 Prozent des Bruttosozialproduktes der Welt, verfügt wahrscheinlich über die größten zugänglichen Rohstoffvorräte, auch über Öl, Uran, Kohle und Erdgas. Wenn man sich Kalifornien und Japan als Schwerpunkte dieses Bereiches vorstellt, so ist eine Äußerung von Mike Mansfield, der von dem kommenden pazifischen Jahrhundert spricht, nicht übertrieben. Wenn man sich weiter vorstellt, daß es von dieser »sinischen« Werkstatt ausgehend eines Tages gelingen könnte, die Menschenmassen Chinas mit amerikanischer und japanischer Technologie auszurüsten, kann man die Bedenken, die die Sowjetunion bereits heute veranlaßte, sich eine Aufmarschbasis am Khyber-Paß zu sichern, ungefähr nachvollziehen, wenn auch sicherlich nicht billigen.

Diese pazifische Wirtschaftsgemeinschaft ist derzeit noch keine Realität. Es gibt aber Gruppierungen und politische Kräfte, die sich bereits heute in dieser Richtung bewegen. Persönlichkeiten wie Lee Kuan Yew, der indonesische Außenpolitiker Malik und andere sind sicherlich aus einem Holz geschnitzt, das sie für ihre Führungsrollen in diesen Bewegungen befähigt. Aus persönlichen Gesprächen mit beiden weiß ich, daß sie die Entwicklung in Europa und in den USA in den letzten zwanzig Jahren tief beunruhigt hat und daß sie darüber nachdenken, wie die Kräfte ihres Raumes für zukünftige Aufgaben angesichts der Passivität der alten Kontinente mobilisiert werden können.

Das am 8. März 1980 unterzeichnete Abkommen zwischen der EG und dem ASEAN-Verband der südostasiatischen Nationen Indonesien, Malaysia, Philippinen, Singapur und Thailand ist das erste Abkommen zwischen der Gemeinschaft der Neun und einer anderen Integrationsgemeinschaft.

Hier wird erstmals versucht, Kooperation, Handelspolitik und Entwicklungspolitik zwischen Gruppen von Staaten zu betreiben, ohne daß feste, bündnisartige Vereinbarungen abgeschlossen werden. Die Verhandlungen über ein Regionalabkommen in dieser neuartigen Form haben sich lange hingezogen und sind durch den Einmarsch der Sowjets in Afghanistan und die dadurch ausgelösten Befürchtungen beschleunigt worden. Dieses Regionalabkommen ist eine fernöstliche Ergänzung zum Lomé-Abkommen, wenn auch mit einigen anderen Komponenten. Es ist ein Versuch, gemeinsame Interessenbildung ohne Blockbildung zu betreiben, zugleich wahrscheinlich der wirkungsvollste Weg, um in der Entwicklungspolitik voranzukommen. Dieses Abkommen ist ein Rahmenabkommen und stellt ein Instrumentarium dar, das von der Industrie genutzt werden muß. Hier ist der unternehmerischen Initiative und Phantasie ein weiter Spielraum geöffnet, zumal bilaterale Abkommen auch ausdrücklich vorgesehen sind.

Die USA haben die Option und wahrscheinlich die Aufgabe, in beiden Kräftefeldern, dem atlantischen und dem pazifischen, aktiv zu werden. Die Verlagerung des wirtschaftlichen Potentials nach dem Westen spricht in den Vereinigten Staaten dafür, daß man dieser Option zu folgen beabsichtigt.

Was bedeutet dies nun für Afrika?

Die Chinesische Volksrepublik hat in der nachkolonialen Zeit ihre politische und wirtschaftliche Visitenkarte auf dem afrikanischen Kontinent abgegeben. Die Entwicklung in China ist von vielen Afrikanern, vor allen Dingen in der ersten Phase der nachkolonialen Epoche, sehr aufmerksam verfolgt worden. Ich glaube aber, daß eine Ernüchterung eingetreten ist, gerade bei den afrikanischen Intellektuellen, hinsichtlich des chinesischen Weges. Die Größenordnungen sind zu verschieden. Die in Afrika noch lebendigen Stammesbindungen lassen eine Wiederholung des chinesischen Weges wohl kaum zu, was nicht ausschließt, daß auf einzelnen Gebieten eine Kooperation und gegenseitige Befruchtung eintritt, wie sich das neuerdings an einigen Stellen abzeichnet.

Ich hatte im Dezember 1979 mit dem sudanesischen Planungsminister, der kurz vorher von einer Reise durch die Volksrepublik China zurückgekehrt war, über dieses Problem einen Gedankenaustausch. Er zeigte mir, daß dieser wohl ursprünglich für den chinesischen Weg sehr eingenommene Minister, der auch altersmäßig aus jener Schicht stammt, die für den chinesischen Weg aufgeschlossen war, inzwischen jedoch hinsichtlich der Anwendbarkeit der chinesischen Lehre skeptisch geworden ist.

Die Zusammenarbeit mit den Japanern hat sich bei den afrikanischen Staaten – vor allen Dingen denke ich dabei auch an Südafrika – eigentlich immer nur auf die Sicherung von Rohstoffvorkommen für die Japaner erstreckt.

Ich komme also zu folgendem Ergebnis:

Eine Integration des afrikanischen Raumes in den pazifischen ist wahrscheinlich aus geographischen Gründen schwierig. Es würde auch eine theoretisch mögliche Umkehrung der bisher nach Norden und Nordwesten laufenden Handelsströme bedeuten. Das Gefälle zwischen diesem teilweise hochindustrialisierten Wirtschaftsraum und Afrika ist bereits so groß, daß für den afrikanischen Kontinent nur eine untergeordnete Rolle übrigbliebe, die auch nicht durch die Bedeutung Afrikas als Rohstoffgebiet kompensiert wird.

Die Chancen für Afrika sind daher im atlantischen Kräftefeld unvergleichlich viel größer als in der »sinischen« Werkstatt oder in einer pazifischen Wirtschaftsgemeinschaft der Zukunft. Eine Isolation des afrikanischen Kontinents wäre angesichts seiner geographischen Lage sicherlich möglich, würde aber auf längere Sicht Schwierigkeiten hinsichtlich des Wachstums der Bevölkerung und des erstrebten Lebensstandards schaffen. Vor allen Dingen aber – und das scheint mir eigentlich der ausschlaggebende Gesichtspunkt zu sein – kann sich ein Kontinent von der Größe Afrikas, der ohne eine dominierende Macht auf diesem Kontinent sicherlich schwer zu verteidigen ist, nicht alleine halten. Dies vor allem nicht im Hinblick auf den anderen politischen und wirtschaftlichen Großraum, das um die Sowjetunion herum gelagerte COMECON.

12. Neokolonialismus – Schlachtfeld Afrika?

Während die westeuropäischen Großmächte im neunzehnten und Anfang des zwanzigsten Jahrhunderts sich anschickten, über die Ozeane hinauszugreifen, bewegten sich die kolonialen Überlegungen der Russen zu dieser Zeit in Richtung Sibirien und Asien. Sie blieben so auf der »inneren Linie«. Rußland verfolgte damit eine ähnliche Strategie wie später die Mittelmächte im Ersten und das Deutsche Reich im Zweiten Weltkrieg. Die Versuche der Zaren, zum »warmen Meer« durchzustoßen, scheiterten am Widerstand einmal am Bosporus und zum anderen am Khyber-Paß, wo ihnen das britische Empire von Indien aus den Weg verlegte. Die russische Strategie änderte sich, als der »russische Tirpitz«, Admiral Gorschkow, mit der russischen Hochseeflotte auf den Weltmeeren erschien.

Es gibt Anzeichen dafür, daß die Sowjetunion eine Entscheidung nicht im Frontalangriff gegen die NATO-Front, deren Südflanke bis zur Türkei reicht, suchen will, sondern in einer Einkreisungspolitik der Ölländer. Das Ziel einer solchen Strategie muß Afrika sein. Nachdem die Durchdringung Ägyptens nicht gelungen ist und auch die weiter westlich gelegenen Maghreb-Staaten sich der sowjetischen Umarmung gegenüber trotz aller Waffenlieferungen spröde zeigen, ist der Sprung zum Horn von Afrika und nach Mozambique naheliegend.

Nachdem Peking das andere Rom des Kommunismus geworden ist, kann die Sowjetunion nicht mit den asiatischen Rohstoffen und der »sinischen« Werkstatt rechnen, sondern muß andere Wege suchen, zumal sich der sibirische Traum als immer schwieriger zu realisieren erweist und mit japanischer und europäischer Technologie und Mannschaft wahrscheinlich nicht mehr gerechnet werden kann.

Ob der Griff nach Afrika das russische Rohstoffproblem dort, wo es wirklich auf den Nägeln brennt, lösen kann, scheint mir zweifelhaft. Dazu dürfte die sowjetische Organisationskraft wohl kaum ausreichen. Zumindest aber brächte der Griff nach Afrika den Vorteil, daß dem potentiellen Gegner, vor allen Dingen Westeuropa und Amerika, der Weg zu den Ölquellen versperrt wird, diese in den Rahmen der sowjetischen Umklammerung fallen und die hauptsächlich im Süden Afrikas gelegenen Rohstoffe auch nicht mehr dem Westen zugänglich sind.

Die Sowjetunion weiß, daß China eine Zeitspanne von etwa zehn Jahren braucht, um sein Menschenpotential mit der westlichen Technologie auf industriellem und militärischem Gebiet in Gleichklang zu bringen. Der Gedanke, daß sich nach dem Abtreten der alten Generation in Moskau ein russischer Napoleon finden könnte, der in einer kühnen, raumgreifenden Operation gleichzeitig nach Afrika vorstößt und einen Präventivkrieg gegen China führt, beschäftigt das Pentagon und ist Anlaß für manches militärische »Scenario« gewesen.

Die wirtschaftliche Entwicklung in den RGW-Ländern ist zur Zeit durch abnehmende Wachstumsraten gekennzeichnet. Sämtliche Länder hatten im abgelaufenen Jahr die schlechtesten Wirtschaftsresultate der letzten drei Jahrzehnte. Vor allen Dingen war die Ernte nicht zufriedenstellend, so daß zur Milderung der großen Versorgungsengpässe Getreide in beträchtlichem Umfang im Westen gekauft werden mußte. Infolgedessen meldeten allein die Vereinigten Staaten hohe Zuwachsraten bei Exporten in den RGW-Bereich. Sorge macht der Sowjetunion vor allem die geringe Produktivität. Die RGW-Staaten, deren Bruttoverschuldung gegenüber dem Westen sich zur Jahresmitte 1979 auf 55 Milliarden Dollar belief, sind bemüht, ihre Verschuldung gegenüber den Westländern zu konsolidieren und durch Exporte auszugleichen.

Die Operation in Afghanistan, selbst wenn ihre politischen Risiken von der Sowjetunion etwas geringer als tatsächlich eingetreten kalkuliert wurden, zeigt, daß die

Zielsetzung der sowjetischen Außenpolitik bzw. der militärischen Maßnahmen nicht unter allen Umständen den Erfordernissen des Außenhandels untergeordnet wird. Vielleicht ist sogar das Gegenteil der Fall: Die Sowjetunion sucht in einer gewaltsamen Öffnung nach außen einen Ausweg aus der schlechten wirtschaftlichen Entwicklung, für die sich in absehbarer Zeit keine Lösung abzeichnet.

Dies bedeutet für Afrika das hohe Risiko der Neokolonisation und in weiterer Konsequenz dieser Entwicklung das Risiko des Krieges in Afrika.

Das Schlagwort der Befreiung der jungen Völker spielt in der Propaganda des Ostblocks eine große Rolle. Wovon Befreiung, das ist, nachdem die Kolonisationsperiode abgeschlossen ist, in Afrika nicht mehr recht ersichtlich. Infolgedessen müssen ganz andere Probleme, wie die Entwicklung im Süden Afrikas zeigt, für diese sowjetische Zielsetzung herhalten. Nach Beginn des afghanischen Abenteuers wird die russische Seite nur begrenzte Mittel für den Krieg in Afrika bzw. für die gewaltsame Kolonisation dort einsetzen können. Desgleichen wird die Möglichkeit der wirtschaftlichen Unterstützung, soweit diese überhaupt vorhanden war, weiter eingegrenzt werden. Man kann also wahrscheinlich davon ausgehen, daß die Kräfte des Ostblocks ausreichen werden, ein Feuer in Afrika zu legen, aber nicht eine dauerhafte wirtschaftliche Unterstützung dieses Raumes zu gewährleisten. Daß es für den Fall einer großen Auseinandersetzung – sei es mit China, sei es mit den USA – von Gewicht ist, möglichst einen Krieg der Stellvertreter in Afrika zu inszenieren, liegt auf der Hand.

Die Vereinnahmung des mittelöstlichen Ölgebietes und von Europa wird von den Sowjets – wenn Europa sich nicht in einen besonderen Schwächezustand hineinbegibt – sicherlich flankierend und zunächst nicht im frontalen Stoß gegen Kontinentaleuropa versucht werden. Niemand in Europa soll allerdings der Meinung sein, er könne sich etwa durch Ableitung des Konflikts nach Afrika gewissermaßen davonstehlen. Das Schicksal Europas ist mit den militärischen Auseinandersetzungen in Afrika unmittelbar verknüpft. Es dürfte sich wahrscheinlich nur um die Reihenfolge der Operationen handeln. Die Sowjetunion braucht, wenn sie zum Krieg gegen China und/oder Amerika antreten muß, das europäische Hinterland genauso wie das afrikanische. Afrika kann, wenn die dem Islam verhafteten Kräfte und der Süden Afrikas eine aufeinander abgestimmte Politik betreiben, als relativ kleiner und machtpolitisch diversifizierter Kontinent seine Unabhängigkeit behaupten, wenn es zudem im atlantischen Kräftefeld mitspielt und seine eigenen Möglichkeiten nutzt. Afrika und Europa sind aufeinander angewiesen und können gemeinsam in einem Consensus der einzelnen Mitglieder ohne militärische und vertragliche Bindungen Entscheidendes zum politischen Gleichgewicht der großen Kräftefelder untereinander beitragen. Das gleiche gilt für den wirtschaftlichen Aufbau.

Ein Abhängigwerden einzelner Teile des Kontinents von unterschiedlichen auswärtigen Mächten muß zum Krieg innerhalb Afrikas und damit zur Vernichtung wesentlicher menschlicher und wirtschaftlicher Substanzen führen. Mit der Londoner Rhodesien-Konferenz hat Großbritannien einen entscheidenden Schritt getan, um das Gleichgewicht innerhalb Afrikas wiederherzustellen. Die afrikanischen Staaten befinden sich jetzt am Scheideweg. Es kommt darauf an, festzustellen, welche Möglichkeiten und Optionen sie haben anstelle blutiger Auseinandersetzungen für fremde Interessen.

13. Das Zeitproblem der jungen Völker

Mitte der fünfziger Jahre hatte ich aus den frankophonen Ländern Westafrikas etwa zehn oder zwölf Minister zu Gast, die auf Anregung der französischen Regierung mit uns die Möglichkeiten einer Zusammenarbeit zu dritt – die jungen Länder, Frankreich und die deutsche Wirtschaft – studieren sollten. Bei dem Abschiedsessen erwähnte ich in meiner Ansprache die Tatsache, daß die deutsche Wirtschaft Erfahrungen in der Zusammenarbeit und Entwicklung mit jungen Ländern gesammelt habe, und verwies dabei auf die fast hundert Jahre alte Zusammenarbeit mit den mittel- und südamerikanischen Ländern, die sich zunehmend intensiviert habe. Der Doyen der Minister griff in seiner Antwortrede diesen Vergleich auf und sagte, dieses Beispiel, das ich erwähnt habe, träfe auf das Verhältnis Europas mit den jungen afrikanischen Ländern ganz sicher nicht zu; sie seien entschlossen, ihre Probleme innerhalb der nächsten fünf Jahre zu lösen und nicht dafür einen Zeitraum von hundert Jahren anzusetzen. (Was ich so gar nicht gemeint hatte. Es zeigte aber die Empfindlichkeit unserer Gesprächspartner in diesem Punkt.) Nach fünf Jahren stellte ich fest, daß keiner meiner Gesprächspartner mehr im Amt oder in einer staatlichen Funktion, einige von ihnen auch nicht mehr am Leben waren.

Bei den Überleitungsverhandlungen für den Belgischen Kongo auf unabhängige Regierungen war in den Verhandlungen in Brüssel und Léopoldville ein Zeitraum von dreißig Jahren für die Überleitung ins Auge gefaßt. Die Machtübergabe spielte sich dann praktisch innerhalb von Monaten ab. Die Ergebnisse dieser letztlich ungeordneten Übergabe ziehen sich wie eine Blutspur durch die Geschichte des Landes bis zum heutigen Tage.

Diese beiden Beispiele mögen kurz die Bedeutung des Zeitfaktors bei der Dekolonisation erläutern.

Einen naht- und reibungslosen Übergang von einem Herrschaftssystem zum anderen hat es in der internationalen Geschichte niemals gegeben. Große historische Veränderungen vollziehen sich unter starken Geburtswehen. Dieses geschichtliche Gesetz ist nicht aus der Welt zu schaffen. Der Aufbau neuer Verwaltungsstrukturen, die von der alten Verwaltung ihre Aufgaben übernehmen, fordert genauso bestimmte Zeitspannen wie die Übernahme wirtschaftlicher Funktionen durch angelernte Leute auf allen Stufen der hierarchischen Ordnung.

Das andere System, die alten Ordnungen zu zerschlagen, um vom Punkt Null anfangen zu können, setzt einen erheblichen Handlungsspielraum voraus, den in der heutigen Zeit, in der die Welt unter dem Druck der zunehmenden Überbevölkerung steht, eigentlich niemand mehr hat.

Es ist menschlich verständlich, wenn man beispielsweise die Hungersnöte einzelner Bevölkerungsgruppen – ihre Zahlen erreichen sicherlich zwei- bis dreistellige Millionenziffern – in den Vordergrund stellt und dort radikale Abhilfe fordert, die bis zur Zerschlagung des kapitalistischen Systems auf der ganzen Welt gehen soll. Man vergißt dabei, daß die Ernährung wahrscheinlich der zehnfachen Zahl von Menschen – man denke nur an China und Rußland – gefährdet ist, wenn die Wirtschaft in den großen Getreideüberschußländern ins Schleudern kommt. Größenordnung und Verhältnismäßigkeit werden bei derartigen populären humanitären Forderungen sehr leicht übersehen.

Die Französische Revolution verkündete 1793 den Gedanken der Gleichheit aller Menschen, einer Gleichheit, die immer in Relation zur Freiheit gesetzt war, einer Freiheit, die in sich den Gedanken der Leistung einschließt.

Dr. Jan S. Marais fragt in

»Südafrika Heute und Morgen:

...
Es war der große Historiker sowohl Amerikas als auch Frankreichs, Alexis de Tocqueville, der als erster auf den bedeutsamen Umstand hinwies, daß die Französische Revolution nicht zu Beginn des 18. Jahrhunderts einsetzte, als Frankreich eine despotische Monarchie war und die Bauern unter der Feudalherrschaft zu hohen Abgaben gezwungen wurden, sondern vielmehr gegen Ende des Jahrhunderts, als der Absolutismus der Monarchie schon erheblich abgeschwächt war, als die meisten Zwangsabgaben bereits abgeschafft waren und 60 Prozent der französischen Bauern eigenes Land bewirtschafteten. Das Paradoxon war nach seinen Worten, daß gerade in den Gebieten Frankreichs, wo sich die Lage am meisten verbessert hatte, die Unzufriedenheit am größten war:

> ›Solange ohne Hoffnung auf Besserung geduldig ertragen, wird ein Übelstand schier unerträglich, sobald sich die Möglichkeit seiner Beseitigung abzeichnet. Allein der Umstand, daß gewisse Mißstände abgestellt worden sind, lenkt die Aufmerksamkeit um so stärker auf die Übel, die nun als noch viel härter empfunden werden. Mögen die Menschen auch weniger leiden, so wächst doch ihre Verbitterung!‹ ...«

Die schlagartige Verbesserung der Kommunikationsmittel, vor allen Dingen der Massenmedien, wandelte allmählich den Gleichheitsgedanken in eine Anspruchsgleichheit um. Es ist problematisch, ob dieser Anspruch bei einer stark wachsenden Menschheit Aussicht hat, erfüllbar zu werden, oder ob er in einem Kampf aller gegen alle enden wird. Ihn annähernd zu erfüllen ist nur möglich, wenn ein Leistungsgleichgewicht erstellt wird und nicht lediglich eine Forderung ohne äquivalente Gegenleistung entsteht. Die fortgeschrittenen Länder, das heißt im wesentlichen die Industrieländer, müssen sich mit aller Energie dagegen verwahren, daß die Forderung nach Gleichheit des Lebensstandards als ein Anspruch gegen sie vorgebracht wird, sie also gewissermaßen für die Erfüllung dieser Ansprüche haften. Schnell einig werden kann man sich mit den Entwicklungsländern darüber, daß diese Forderung ein Ziel sein sollte, das in gemeinsamer Anstrengung zu erreichen ist.

An dieser Fragestellung sind bisher im Grunde die Verhandlungen mit den Entwicklungsländern auf globaler Basis gescheitert. Hieran scheitern nach meiner Auffassung auch weltweite Entwicklungspläne.

Eine große Gefahr, ein falsches Zeitprogramm zu entwikkeln, sehe ich in der Entwicklungsbürokratie, die heute bereits ein gewaltiges Ausmaß angenommen hat. Wenn die jetzt diskutierten Pläne zur Ausführung kommen sollten – was allerdings in der augenblicklichen Krisensituation kaum der Fall sein wird –, werden sie diese Planungsbürokratie noch weiter vermehren. Die Gefahr liegt dabei nicht nur in der Ineffizienz und den damit verbundenen Kosten dieser Behörden, sondern liegt vor allen Dingen darin, daß hier Hoffnungen auf Erfüllung von Ansprüchen erweckt werden, die unrealistisch sind. Damit, daß man eine Bürokratie für die Bearbeitung eines Planes schafft, ist dieser Plan noch nicht erfüllt. Das ist aber die Meinung, die sich schnell, insbesondere durch die verbesserten Kommunikationsmittel, in der ganzen Welt verbreitet.

Realistische Zeitplanung, das »Timing«, ist Voraussetzung einer plan- und sinnvollen Weiterentwicklung der jungen Länder. Die Abstimmung dieses Zeitplanes muß so tief wie möglich gehen und kann nach meiner Auffassung und nach den Erfahrungen, die ich als Industrieller in den Entwicklungsländern gemacht habe, nur regional ansetzen.

Ich sehe voraus, daß die weitere Entwicklung von EDV und Computern das Bestreben fördern wird, derartige Überlegungen in einem Großcomputer für die ganze Welt in Washington zu entwickeln. Dies kann nach meiner Auffassung nur zu gefährlichen und wirklichkeitsfremden Illusionen führen.

Wir haben in Europa in mehreren Epochen gesehen, daß der Aufbau eines annähernd modernen Gemeinwesens ein Jahrhundert und mehr gedauert hat und daß auch der Aufbau einer modernen, technisierten Wirtschaft etwa den gleichen Zeitraum erforderte.

Die Menschen, die diese Apparatur bedienen müssen, sind Wesen mit annähernd gleichen Voraussetzungen, auch bei rassischen Verschiedenheiten. Die technischen Voraussetzungen für einen derartigen Apparat sind sicherlich im Lauf der letzten hundert Jahre verbessert worden. Die Menschen konnten aber in dieser Zeit nicht verändert werden und brauchen ein gewisses Zeitminimum. Dieses sollte bei allen derartigen Überlegungen berücksichtigt werden. Man sollte vor allen Dingen nach der Maxime handeln: Genügend Zeit spart Blut!

Sicherlich sollte der Zeitbegriff keine Entschuldigung für Verzögerungspolitiker sein. Der Ernst der eben aufgezeigten Alternative sollte aber dabei wohl mit bedacht werden.

14. Die Zebratheorie

Nach der hundertjährigen Jubiläumsausgabe des vom US-Department of Commerce veröffentlichten Statistischen Jahrbuchs für die Vereinigten Staaten beträgt die US-Bevölkerung 1978 rund 219 Millionen. 30 Millionen Nichtweiße stehen 189 Millionen weißen US-Bewohnern gegenüber. Von diesen 30 Millionen sind rd. 18 Millionen schwarzen Ursprungs, das heißt, in den USA wohnen genauso viel Schwarze wie in Südafrika.

In Großbritannien und Frankreich spielen die Zahlen der dort wohnenden nichtweißen Bevölkerung, einschließlich aller Familienangehörigen, eine zunehmende, gewichtige Rolle.

Diese wenigen Beispiele sollen verdeutlichen, daß die »Zebratheorie« nicht nur für die afrikanischen Länder Gültigkeit hat. Es kann nicht im Interesse der nichtweißen Minderheiten außerhalb Afrikas liegen, daß die weißen Bevölkerungsmehrheiten gegen sie aufgebracht werden durch Hinweise auf Vertreibungen, Enteignungen und Schlimmeres in Afrika. Die in Großbritannien von Zeit zu Zeit immer wieder zu beobachtende Unruhe in dieser Frage sollte keine neue Nahrung erhalten.

Das zwanzigste Jahrhundert, vor allem seine zweite Hälfte, wird vor dem Forum der Weltgeschichte wahrscheinlich eine besonders schlechte Zensur erhalten, denn ich wüßte kein anderes zu nennen, in dem die Vertreibungen von Völkern und Stämmen und das Genozid ein solches Ausmaß angenommen haben wie in diesem sich so fortschrittlich gebenden Jahrhundert.

Die in Südafrika entwickelte »Zebratheorie« besagt, daß die schwarzen und weißen Bevölkerungsteile so miteinander verwoben sind, daß, wenn man einen der Streifen herausschneidet, der andere mit stirbt oder zum mindesten erheblich mit leidet. Es gibt in den letzten zwanzig Jahren viele Beispiele, mit denen man die Richtigkeit dieser Theorie beweisen kann.

Man kann sicherlich darüber streiten, ob die Gesetzgebung zur Rassentrennung, wie sie in der Südafrikanischen Republik nach der Loslösung vom Commonwealth praktiziert wurde, glücklich und mit modernen politischen und ethischen Prinzipien vereinbar ist. Es sollte aber nicht übersehen oder bewußt verschwiegen werden, daß es sich bei diesen Gesetzen um eine Ausgangssituation handelte, von der aus eine Weiterentwicklung der politischen und gesellschaftlichen Verhältnisse im Sinne der Homelands von vornherein ins Auge gefaßt war.

Der politische und wirtschaftliche Druck, dem Südafrika in zunehmendem Maße ausgesetzt war, erreichte im wesentlichen eine zeitweilige Fixierung dieses Zustandes: Diese Verkrampfung half den publizistischen Bestrebungen der westlichen Außenwelt, diesen Zustand als Angriffsziel anzuprangern, anstatt in die Diskussion der Weiterentwicklung effektiv einzutreten. Ein besonderes Angriffsziel in diesem Zusammenhang waren die Homelands. In der Publizistik galten die Homelands als Scheinlösungen, mit denen die rassische Vorherrschaft der Weißen verschleiert werden sollte. Man übersah dabei, daß hier eine völlig neue Entwicklung in Gang gesetzt wurde, deren Ende noch nicht abzusehen ist, die aber insgesamt kaum noch zurückgeschraubt werden kann, es sei denn durch Krieg und Unterdrückung. Die in der Zwischenzeit in die Selbständigkeit entlassenen Homelands – Transkei, Bophuthatswana und Venda – sind dabei, ein Eigenleben zu entwickeln, das auch für die Regierung in Pretoria durchaus nicht immer bequem ist.

Man sollte sich auch wieder vergegenwärtigen, daß zunächst in der ersten Hälfte der siebziger Jahre die von Vorster begonnene Détentepolitik im Afrika südlich der Sahara durchaus erste Erfolge gezeitigt hatte. Erst das Erscheinen der Sowjets bzw. ihrer Stellvertreter, der

Kubaner, in Angola und Mozambique und das Zurückweichen Kissingers vor diesem Druck haben die afrikanische Entspannung zunichte gemacht, etwas früher, als dies vergleichswiese in Asien und Europa der Fall war.

Die Politik der Homelands beruht auf folgenden Überlegungen:

1. Die in Südafrika lebenden Weißen haben dort ein echts Heimatrecht. Sie können nicht – wie die Engländer im Osten Afrikas oder die Franzosen in Algerien – in ihre Heimat zurückkehren. Sie sind ein weißer afrikanischer Stamm.
2. Das Stammesgefüge der Afrikaner soll in einer zeitgemäßen Form erhalten und gefestigt werden.
3. Diese Überlegungen müssen mit den Formen einer modernen Industriegesellschaft in Einklang gebracht werden, jener Industriegesellschaft, die Massenansiedlungen in Großstädten für bestimmte industrielle Zwecke unvermeidbar macht.

Der Managing Director der Bantu Investment Corporation of South Africa, Dr. J. Adendorff, nahm vor deutschen Industriellen am 2. März 1977 in Babelegi zu diesen Erfordernissen wie folgt Stellung:

»Die Republik Südafrika wird als souveräner, unabhängiger weißer Nationalstaat mit ihren schwarzen Nachbarstaaten assoziiert sein auf der Basis politischer Unabhängigkeit und wirtschaftlicher Zusammengehörigkeit (Interdependenz). Die Basis für politische Unabhängigkeit, verknüpft mit wirtschaftlicher gegenseitiger Abhängigkeit, ist im südlichen Afrika bereits etabliert. Mehr oder weniger hängen alle diese Staaten auf folgenden Gebieten gegenseitig voneinander ab: Arbeitsmöglichkeiten, Zufahrtsstraßen zu den Häfen, Handel, Gesundheitsdienst, Austausch technischer Kenntnisse. Trotz aller politischen Gegensätze brauchen wir uns gegenseitig in Südafrika. Die sieben schwarzen Homelands liegen in den Gebieten mit hohen Regenfällen, umfassen 156 000 km^2 und haben eine Bevölkerung von sieben Millionen fast ausschließlich Schwarzer. Die Bodenschätze sind bedeutend und können zur Verbesserung des Lebensstandards der Bevölkerung beträchtlich beitragen. 80 Prozent der Bevölkerung dieser Homelands leben von der Landwirtschaft.

Der Bergbau spielt eine große Rolle, vor allen Dingen für Lebowa und Bophuthatswana, kann aber wahrscheinlich den jährlichen Zugang an Arbeitskräften nicht beschäftigen. Deswegen ist es notwendig, in den Homelands und in den Grenzgebieten (border areas) andere, mittlere Industrien zu entwickeln. Obwohl die Entwicklung der Industrie noch in den Kinderschuhen steckt, wächst die städtische Bevölkerung sehr rasch. Sie ist seit 1960 von 50 000 auf 800 000 gewachsen, verbunden mit der Schaffung von 55 neuen Städten. Der durchschnittliche Bevölkerungszuwachs der schwarzen Bevölkerung in Südafrika beträgt 3,1 Prozent. Das bedeutet, daß jährlich 130 000 männliche Arbeiter in den Arbeitsprozeß eintreten. Während 50 Prozent davon vom normalen Wirtschaftswachstum aufgenommen werden, müssen in den nächsten Jahren jährlich 60 000 neue Arbeitsplätze in den Homelands geschaffen werden. Trotz dieses raschen Bevölkerungswachstums rühmt sich Südafrika der Tatsache, daß es mit 45 Prozent seiner schwarzen Bevölkerung in Afrika den höchsten Anteil an Personen hat, die lesen und schreiben können. Südafrika als der am schnellsten wachsende Markt des afrikanischen Kontinents wird am Ende des Jahrhunderts auf der Preisbasis von 1971 ein Volkseinkommen (GDP, Gross Domestic Product) von 50 Milliarden Rand haben und damit ein Wirtschaftspotential darstellen, das einem westeuropäischen Industriestaat durchaus vergleichbar ist.«

Gemeinsam mit Industriellen und Landwirten habe ich versucht, in den letzten Jahren mir an Ort und Stelle in den verschiedenen Homelands einen Eindruck von der dortigen Entwicklung zu verschaffen.

In meiner damaligen Eigenschaft als Präsident der Industrie- und Handelskammer zu Essen habe ich den Chief Minister von Lebowa, Dr. C. N. Phatudi, und seine Kabinettskollegen zu einem Besuch in die Bundesrepublik eingeladen, um ihnen hier in unseren Bereichen, speziell in

Nordrhein-Westfalen, einen Eindruck von industriellen Unternehmen, vor allen Dingen mittlerer Größe, sowie von landwirtschaftlichen Betrieben und Organisationen zu verschaffen.

Folgende Fragen scheinen mir Zentralpunkte der Überlegungen zu sein:

1. Die Beschaffung einer genügenden Fläche von kultivierbarem landwirtschaftlichem Boden, um in den Homelands einen entsprechenden Anteil der Bevölkerung nachhaltig auf dem Lande anzusiedeln bzw. die Struktur der vorhandenen Siedlungen zu verbessern. Diese Frage scheint mir lösbar zu sein.
2. Die Schaffung von ausreichenden Arbeitsplätzen und der Aufbau einer Industriegesellschaft. Das heißt: Bei dieser Frage mischen sich die Probleme, vor denen jede sich neu formierende Industriegesellschaft steht, mit den speziellen Problemen Südafrikas. Eine besondere Rolle in diesem Zusammenhang spielen die weißen Gewerkschaften, die lange Zeit gerade in der »Rassenfrage« eine retardierende Haltung im Interesse der »poor whites« eingenommen haben.

Das Stichwort für diese Probleme heißt: *Soweto.*

Bereits im Jahre 1913 führte das Gesetz über das Eingeborenenland den Grundsatz der territorialen Teilung zwischen Weißen und Schwarzen ein, ein damals sicherlich auch für die schwarze Seite in Afrika beachtlicher Fortschritt.

Die starken Impulse für Südafrikas industrielle Entwicklung nach dem Ende des Zweiten Weltkrieges führten zu einem permanenten, bis in die letzten Jahre andauernden Zustrom schwarzer Arbeiter sowohl aus allen Teilen des südlichen Afrikas als auch aus der Umgebung selbst in die industriellen Ballungszentren.

Von den derzeit 17,8 Millionen Schwarzen leben etwa 8,5 Millionen dauernd oder vorübergehend in den sogenannten weißen Gebieten außerhalb der geplanten Homelands. Diesen Bevölkerungsteil bezeichnet man als die urbane schwarze Bevölkerung. Die Menschen dieses Bevölkerungsteils wurden in die »weißen« Entwicklungsgebiete gezogen, besonders nach den Diamanten- und Goldfunden gegen Ende des 19. Jahrhunderts und während des nachfolgenden industriellen Aufschwungs. Diese Entwicklung schuf nicht nur soziale, sondern vor allen Dingen auch Sicherheitsprobleme, weil sich mit der Industrialisierung der Bevölkerung naturgemäß eine Entwurzelung vollzog, die der Entstehung von Kriminalität und Radikalismus Vorschub leistete, was naturgemäß von politisch interessierter Seite ausgenutzt wurde.

Ich glaube, wenn man heute durch Harlem – New York – und durch *Soweto* wandert, so wird der Gesamtvergleich nicht unbedingt zuungunsten von *Soweto* ausfallen.

Die konsequente Verfolgung der »Zebratheorie« erfordert die Beantwortung der Frage, wie sich die Einkommen der Schwarzen im Verhältnis zu denen der Weißen gestaltet haben. Hier hat Professor Arnt Spandau sehr exakte Untersuchungen angestellt, die allerdings vor dem inzwischen durch die Regierung Botha eingeleiteten Reformkurs liegen. Spandau kommt unter anderem zu folgenden Feststellungen: Die Kaufkraft einer Lohnstunde eines schwarzen Arbeiters hat sich seit 1958 etwa verdoppelt. Die Bildung eines schwarzen Mittelstandes erfolgt zwar langsam, aber stetig, vor allem in den Ballungsgebieten. Seine Untersuchungen zeigen auch die Abhängigkeit der Südafrika benachbarten Länder von der Beschäftigung in Südafrika. Insbesondere gilt dies für Malawi und Mozambique. Die durch die Wanderarbeit erworbenen Devisen haben es in der Vergangenheit Malawi ermöglicht, etwa ein Viertel seiner Importe zu finanzieren. Bei Mozambique sind die für die Wanderarbeiter getätigten Überweisungen die wichtigste Kreditposition in Mozambiques Zahlungsbilanz, die im übrigen zu 80 Prozent von Südafrika abhängig ist. Die Untersuchungen Spandaus bestätigen, daß sich die Lohnverhältnisse der schwarzen Arbeiter denen der weißen weitgehend anpassen. Das Problem sind nicht die Industrielöhne für die Schwarzen, sondern das soziale Problem, die Landarbeiter. Einen wesentlichen Beitrag für die

Verbesserung der Lohnverhältnisse und die soziale Besserstellung der Arbeiter haben die in Südafrika produzierenden ausländischen Firmen, weitgehend multinationalen Charakters, erbracht.

Anläßlich der Eröffnung eines Investitionsseminars des Bildungswerks der Essener Wirtschaft in Kapstadt am 1. März 1977 sagte der deutsche Botschafter, H. J. Eick:

> »Industrielle Investitionen in Südafrika sind grundsätzlich deswegen zu begrüßen, weil die Förderung und Entwicklung des nichtweißen Bevölkerungsteils nicht zuletzt eine Frage der ausreichenden Zahl von Arbeitsplätzen ist. Jede ausländische Firma, die hier investiert, sollte sich deshalb der Tatsache bewußt sein, daß sie nicht nur am Ausbau bilateraler Wirtschaftsbeziehungen mitwirkt, sondern daß sie auch eine besondere Verantwortung gegenüber denjenigen Bevölkerungsgruppen übernimmt, deren Wohl und Wehe in der Weltpresse in jüngster Zeit Schlagzeilen gemacht hat. Es freut mich, an dieser Stelle sagen zu können, daß zahlreiche deutsche Firmen in Südafrika hinsichtlich Entlohnung, Arbeitsbedingungen, Sozialleistungen und Ausbildung für schwarze Arbeiter beachtliche, häufig sogar vorbildliche Leistungen erbracht haben. Es steht zu hoffen, daß andere bestehende oder neu hinzukommende Firmen sich an solch positiven Beispielen orientieren, denn so können sie einen wesentlichen Beitrag zur Entwicklung des Landes leisten.«

Während die Aufforderungen linksintellektueller und kirchlicher Kreise zum Investitionsboykott in erster Linie die Schwarzen in Südafrika und den Nachbarländern prügelten, hat der Nonkonformismus und unternehmerische Instinkt vieler europäischer und amerikanischer Unternehmen in Südafrika Zeichen helfenden, gesunden Menschenverstandes gesetzt.

Das Tauziehen um das südafrikanische Geschäft mit den Behörden erinnerte mich an die Gespräche, die wir mit den gleichen Stellen in den sechziger Jahren führten wegen der Öffnung des Geschäftes nach dem Osten. (Siehe »Unternehmensentscheide«, Düsseldorf, Econ 1976, Seite 235 ff.) Es gibt eben Fälle, wo die Wirtschaft, der Unternehmer Entscheidungen auf sich nehmen müssen, denen der Staatsapparat nur zögernd und meistens sehr ungern folgen kann. Ich habe die Erfahrung gemacht, daß dieser Standpunkt, der sicherlich im Moment der Aktualität manche Gegner hat, auf die Dauer gerade von diesen Gegnern honoriert wird.

Ich habe in Kenia Gelegenheit gehabt, zu sehen, wie Kenyatta nach den heftigen Kämpfen mit den Mau-Maus das Problem Schwarz und Weiß gelöst hat. Sein weißer Landwirtschaftsminister, Bruce McKenzie, hatte sein Vertrauen – auch, wenn er Anfeindungen ausgesetzt war – und war infolgedessen in der Lage, gerade auf dem besonders problematischen Gebiet der Landwirtschaft wieder weiße Farmer nach Kenia zu bringen. Wir haben gemeinsam ein Zuckerrohrprojekt in einem großen Bereich am Victoriasee verwirklichen und dabei gerade über die Frage Schwarz und Weiß einen intensiven Gedankenaustausch führen können. Dieses Projekt war dadurch besonders interessant, daß der maßgebende Häuptling in unserem Gebiet der Führer der Opposition im Parlament, Odinga Oginga, war, den wir gemeinsam mit Bruce McKenzie von der Nützlichkeit einer derartigen Operation für seinen Bereich überzeugen konnten.

Die neue Regierung in Zimbabwe wird sehr schnell vor dieses Problem gestellt werden. Nach meiner Überzeugung ist dieses Territorium wahrscheinlich das reichste Land Afrikas, sowohl was die Landwirtschaft wie Bodenschätze und die Industrie angehen. Die Sanktionen haben – wie mir ein kluger, alter Rhodesier sagte – das Land vor der Inflation ringsherum bewahrt, andererseits aber große Anstrengungen für eine gesunde mittlere Wirtschaft gefordert. Es wird jetzt darauf ankommen, ob Mugabe und seine Regierung die pragmatische Kraft besitzen, um Versöhnung und Zusammenarbeit mit den Weißen durchzuführen. Gelingt ihm dies, würde er sich würdig neben Kenyatta, Sékou Touré und Senghor stellen können.

15. Der Aufbau der neuen Märkte, das II. Lomé-Abkommen und Cabora Bassa

Eine jetzt veröffentlichte Übersicht des GATT-Sekretariats in Genf über die Entwicklung des Welthandels in der hinter uns liegenden Dekade der siebziger Jahre ist durch folgende Tatsachen charakterisiert:

1. Die Einfuhr der Industrieländer aus den Entwicklungsländern hat am Ende der Dekade 1979 um nahezu 20 Prozent an Industrieerzeugnissen zugenommen. Damit hat sich der Anteil der Entwicklungsländer in der Einfuhr der Industriestaaten im Bereich der Industrieprodukte auf rd. 8,5 Prozent erhöht.
2. Der Welthandel ist in der verflossenen Dekade wertmäßig beschleunigt gewachsen. Dies beruht ausschließlich auf einem Anstieg der Preise. Dagegen hat sich das Wachstum des Volumens nach 1973, dem Jahr des Ölpreisschocks, drastisch verringert.
3. Der Anteil der Industriestaaten am Welthandel fiel von seinem Höhepunkt von 68 Prozent in 1973 bis Ende der Dekade auf etwa 62 Prozent zurück. Der Anteil der OPEC-Staaten verdoppelte sich nach 1973 und pendelte sich auf einen Stand von 12,5 Prozent ein. Auch die Staatshandelsländer mußten einen Rückgang von 12 auf etwa 9 Prozent hinnehmen.

Aus diesen Zahlen kann man folgende Schlüsse ziehen:

1. Der Westen ist gewillt und in der Lage, die Produktion, und zwar die industrielle Produktion, nicht nur die Rohstoffe, der Entwicklungsländer in steigendem Maße aufzunehmen.
2. Das Tempo dieser Entwicklung können nicht nur die Industrieländer von sich aus bestimmen. Es ist weitgehend abhängig von den Energieproblemen, insbesondere auch vom Recycling der Ölerlöse. Die Industrieländer

können den Ressourcentransfer, der zu den Öllländern stattfindet, nicht noch einmal wiederholen, indem sie an die nichtölexportierenden Entwicklungsländer auch ihrerseits noch über das bisherige Maß hinaus Zahlungen leisten.

3. Inflation und Recycling werden besonders brennende Probleme für den Welthandel in dem vor uns liegenden Jahrzehnt sein, angesichts der gewaltigen Zahlungsbilanzüberschüsse der großen erdölexportierenden Länder – sie werden 1980 etwa 100 Milliarden Dollar betragen – und des wachsenden Außenhandelsdefizits der Industriestaaten – etwa 15 Milliarden Dollar in 1979.

Ich halte es daher für unrealistisch, wenn man glaubt, durch eine allgemeine Steigerung von Abgaben für die Entwicklungshilfe oder Entwicklungssteuern zusätzliche Mittel schaffen zu können. Dieses ist auch angesichts der Belastungen, die sich aus der derzeitigen politischen Spannung ergeben, nicht durchsetzbar. Auch eine zusätzliche neue Entwicklungshilfebürokratie wird uns nicht weiterführen.

Für den besseren Weg halte ich, daß man in regionalen Übereinkünften versucht, zusätzliche Märkte zu schaffen, und zwar sowohl in den Entwicklungsländern als auch Märkte für die Produkte der Entwicklungsländer in den Industriestaaten.

Ein beispielweisendes Abkommen scheint mir der Lomé-II-Vertrag zu sein.

Das II. Lomé-Abkommen berührt etwa vierzig afrikanische Länder und versucht, den Gedanken regionaler Partnerschaft mit der Europäischen Gemeinschaft zu verwirklichen. Die Finanzhilfe der EG ist um 62 Prozent auf rd. 14 Milliarden DM aufgestockt. Das Abkommen enthält neben dem erhöhten »STABEX«-Vorhaben zur Sicherung der Rohstofferlöse einen Sonderfonds für Mineralien und sieht eine Förderung der energiewirtschaftlichen Zusammenarbeit vor. Auch soll von der Möglichkeit der Kofinanzierung, insbesondere mit arabischen Hilfsfonds, Gebrauch gemacht werden. Wenn auch angesichts hochgespannter Erwartungen eine gewisse Enttäuschung auf beiden Seiten über das schließlich Erreichte unverkennbar ist, bleibt doch festzuhalten, daß innerhalb dieses Rahmens eine Möglichkeit besteht, echte unternehmerische, partnerschaftliche Initiativen zu entwickeln und daß die Europäische Gemeinschaft ein deutliches Zeichen zur vollen Öffnung ihres Marktes gesetzt hat. Das Lomé-Abkommen ist einer der Wege, auf denen die neuen, regionalen Gebilde – wie die EG- und, wenn auch noch in loserer Form, die AKP-Staaten (*A*frika, *K*aribik, *P*azifik) – miteinander zu einer fruchtbaren wirtschaftlichen Zusammenarbeit kommen können.

Das andere, bereits erwähnte Pendant ist das neue Abkommen zwischen der EG und den ASEAN-Staaten.

Hier manifestieren sich Entwicklungen in zwischenstaatlichen Verträgen, die in der Wirtschaft schon seit langem praktiziert werden, ohne daß über diese besonderen Elemente viel gesprochen wird.

Ein markantes Beispiel funktionierender Zusammenarbei zu dritt ist das Cabora-Bassa-Projekt. Es wurde inauguriert von den Portugiesen unter Mitwirkung der Südafrikaner und der schwarzen Nachbarn.

Der Gedanke war, am Sambesi in Mozambique unter besonders günstigen Voraussetzungen Strom zu erzeugen, der in der augenblicklichen Wirtschaftsphase sowohl den Einheimischen wie den Südafrikanern zur Verfügung stehen sollte. Dieses Objekt, das umfangreiche finanzielle Mittel und einen erheblichen Aufwand an Technologie erforderte, wurde während der Auseinandersetzungen um die portugiesischen Kolonien als ein Musterbeispiel kolonialer Machtausübung erbittert bekämpft. Die Aufsichtsratssitzungen von AEG und Siemens als den Hauptträgern dieses Geschäftes wurden in Deutschland von einigen schwarzen Aktionären zu Anklagetribunalen gegen den Kolonialismus umzufunktionieren versucht. Bei der gewaltsamen Auseinandersetzung um Mozambique kam es jedoch nicht zu Sabotageakten an den noch im Bau befindlichen Staustufen von Cabora Bassa. Die Arbeiten wurden durchgeführt, und das Werk erwies sich als eine der großen Stützen der neuen Republik Mozambique. Über alle scharfen Auseinandersetzungen, Boykott und ähnlichen Maßnahmen hinweg kam es zu einem fast ungestörten Austausch von elektrischer Energie gegen harte Devisen mit Südafrika.

Ein ähnliches Beispiel, das auch die Kriegshandlungen überdauerte, ist der Karibadamm, wo zwischen Sambia und Rhodesien über den ganzen Krieg hinweg eine zivilrechtliche Gesellschaft funktionierte, die die Staustufen und die Elektrizitätserzeugung überwachte.

Diese Beispiele zeigen, daß vernünftige wirtschaftliche Konstruktionen in der Lage sind, kriegerische Auseinandersetzungen zu überdauern. Hier liegt eine der großen Chancen für die Zusammenarbeit in Afrika.

Energie und Transport sind die Grundelemente für die wirtschaftliche Entwicklung im Afrika südlich der Sahara. Gelingt es hier – in ähnlicher Weise wie für Cabora Bassa –, Europäer, Südafrikaner, Weiß- und Schwarzafrikaner zur Zusammenarbeit zu bringen, so ist eine rasche Entwicklung dieses Subkontinents bis zum Jahr 2000 ohne Probleme möglich. Die Erzeugung von elektrischem Strom und der Transport scheinen mir deswegen besonders geeignete Mittel für diese Aufgabe zu sein, weil gewissermaßen ihre Resultate immer im eigenen Lande verbraucht werden müssen, während bei Exportgütern, etwa Erzen, sehr häufig das Gefühl entsteht bzw. ein Sentiment durch Interessenten erzeugt werden kann, daß hier der wesentliche Nutzen außer Landes geht.

Ich habe mit vielen anderen Wirtschaftlern immer wieder versucht, dafür Verständnis zu erwecken – sowohl in schwarzen wie in weißen Ländern wie vor allen Dingen auch bei den Organisationen der Weltbank –, daß die Wirtschaft hier den Schlüssel für die Zusammenarbeit zwischen Schwarz und Weiß in der Hand hält und daß hier die europäische Industrie eine große Mittlerfunktion hat, die sie zum Nutzen aller Beteiligten ausüben kann und auszuüben gewillt ist.

Die geographische Gunst des Systems der großen Ströme im südlichen Afrika erlaubt unter Benutzung bereits vorhandener Einrichtungen verhältnismäßig kostengünstig die Schaffung eines Energie- und Transportverbundes, der es ermöglicht, einmal die mineralischen Schätze des Landes zu aktivieren und gleichzeitig durch Bewässerungsanlagen Ernährungsvoraussetzungen zu schaffen, die die zunehmende Bevölkerung der Länder bis zum Jahr 2000 ohne große Mühe ernähren könnten.

Die in Südafrika begonnene Industrialisierung des Landes kann den ganzen Südteil des Kontinents im Lauf der nächsten zwanzig bis dreißig Jahre in ein industrielles Kraftzentrum verwandeln, das seine Bevölkerung und auch die im Norden angrenzenden Teile aus eigener Kraft ernähren kann. (Es sei daran erinnert, daß heute schon 21,3 Prozent des Gross Domestic Product vom afrikanischen Kontinent in Südafrika erzeugt werden, dessen Bevölkerungsanteil nur 6,4 Prozent des Erdteils beträgt.)

Diese Entwicklung ermöglicht eine echte Stabilisierung wahrscheinlich dann für den ganzen Kontinent, wenn es gelingt, die von Südafrika und seinen Nachbarstaaten getragenen Überlegungen in eine Harmonie mit den arabischen und islamischen Bestrebungen zu bringen. Auch hier wird es stark auf die Vermittlerrolle, die die europäische Wirtschaft – aber auch die europäische Politik der Gemeinschaft – spielen kann, ankommen.

Die Souveränität der afrikanischen Staaten wird aus einer solchen Zusammenarbeit gestärkt hervorgehen, genauso wie die Identität der einzelnen Afrikaner, die, ohne ihre Stammesbindungen zu zerstören, weiter fortentwickelt werden kann.

Die Entwicklung eigener Märkte wird ein entscheidendes Kriterium für die vorwärtsstrebenden Entwicklungsländer sein. Die Voraussetzungen hierfür sind im südlichen Teil Afrikas, aber auch in den islamischen Staaten nördlich der Sahara vorhanden. Sie bedürfen der Entwicklung und des Consensus aller Beteiligten.

16. Die Rolle Afrikas bei der Vermeidung eines Weltkrieges

Am Anfang dieses Buches habe ich versucht, die Situation der Großmächte und der Nationalstaaten kurz darzustellen – bezogen auf das Datum der Zweihundertjahrfeier der amerikanischen Unabhängigkeit im Jahr 1976.

Wenn man vier Jahre später, 1980, nach dem Ablauf einer Amtsperiode des amerikanischen Präsidenten die gleiche Betrachtung anstellt, kommt man zu einer entscheidenden Verschlechterung der »Großwetterlage«:

In diesem Zeitabschnitt führten zwei der Weltmächte, China und die Sowjetunion, konventionelle Kriegshandlungen durch. Der Einsatz der Kubaner und anderer Hilfsvölker der Sowjetunion in Afrika verstärkte sich. Die Kontrolle der nuklearen Aufrüstung konnte nicht entsprechend den vorgesehenen Überlegungen in ein Abkommen eingebracht werden. Die Verhandlungen über die Truppenreduzierung in Europa blieben ohne Fortschritte. Die Waffenkäufe, besonders die einiger Nationalstaaten, nahmen in dieser Zeit rapide zu. Es ist auch anzunehmen, daß sich die Fähigkeit, Atombomben zu zünden, auf einen beträchtlich erweiterten Kreis von Staaten ausgedehnt hat. Die Nonproliferationpolitik der Amerikaner erweist sich mehr und mehr als ein Fehlschlag, weil man die Kernenergie nicht monopolisieren kann. Das erstrebte militärische Gleichgewicht zwischen den beiden bisherigen Weltmächten ist entscheidend gestört. Es kommt hinzu, daß die dritte, China, sich schneller wieder zu Wort gemeldet hat, als das vor vier Jahren nach dem Tod von Mao Tse-tung noch den Anschein hatte. Militärisch ist weiter festzustellen, daß der Aufmarsch der Russen in Zentralasien begonnen hat. Damit hat die Sowjetunion die Zielsetzung der Zaren, gegen China oder an der »warmen See« offensiv zu werden, endgültig wiederaufgenommen. Ein Weltkrieg zwischen den beiden Weltmächten ist damit wieder stärker in den Bereich des Möglichen gerückt.

Dieser Krieg braucht nicht mit einem Atomschlagabtausch zu beginnen – wie dies von einigen führenden Militärs angenommen wird –, sondern kann zunächst mit einem flankierenden Angriff auf Afrika um die Ölfelder herum entstehen, um hier ein weiteres Schlachtfeld zu schaffen, von dem aus man zunächst Europa und dann später die USA langsam erdrosseln kann. Im Hinblick darauf, daß die Sowjetunion in einigen Jahren Nettoimporteur für Erdöl sein wird, kann sie kein Interesse daran haben, die Ölfelder in direktem Zugriff zu übernehmen, was wahrscheinlich zu einer Zerstörung des größten Teils der Felder führen würde, sondern es bietet sich der flankierende Angriff um Mittelost herum auf Afrika an, der nicht nur große Kräfte der Gegenseite binden, sondern Europa und Amerika nicht nur von den Erdölquellen in Mittelost, sondern auch von ihren Rohstoffquellen in Afrika abschneiden würde. Gelänge es, das Ziel dieser Operation im Wege der Neokolonisation, das heißt sogenannter Freiheitskämpfe innerhalb Afrikas mit Stellvertretern und lokalen Hilfstruppen zu erreichen, wäre der Erfolg besonders durchschlagend.

Auch bei der zweiten Alternative, daß die Sowjetunion einen Präventivkrieg gegen China plant, wäre ein weiterer Kriegsschauplatz in Afrika aus Gründen der Ablenkung und Gefährdung der Rohstoffe gleichfalls von großer Bedeutung.

Die wirtschaftliche Seite sieht nach Ablauf dieser vier Jahre etwas anders aus:

Der Ressourcentransfer von den westlichen Industrieländern in die OPEC-Länder, vornehmlich in die arabischen Länder, hat in vollem Umfang eingesetzt. Die damit verbundene Erhöhung der Ölpreise hat die Länder des Rates für gegenseitige Wirtschaftshilfe (RGW) schwer getroffen. Der östliche Block sieht sich außerdem zunehmenden wirtschaftlichen Schwierigkeiten gegenüber, die durch die mangelnde Produktivität, insbesondere auch in der Landwirtschaft, wo diese Situation durch schlechte Ernten noch verstärkt wird, zum Tragen kommen.

Ich habe keine Zweifel daran, daß es der politischen Führung der Sowjetunion gelingen wird, ihren Staatsbürgern und auch den Ländern des RGW weitere Opfer am Lebensstandard abzuverlangen. Ich bezweifle aber, daß die absolute Kraft des Ostblocks ausreichen wird, einen großen Krieg durchzustehen, vor allen Dingen, nachdem er damit rechnen muß, daß, etwa bei einem Krieg mit Amerika, zu einem späteren Zeitpunkt China mit Sicherheit in diesen Krieg auf der anderen Seite eingreifen wird. Hier bieten sich Parallelen an mit der Situation des Deutschen Reiches in den beiden letzten Weltkriegen, wo jeweils durch Eintritt einer dritten Großmacht, nämlich Amerikas, der Krieg trotz aller anfänglichen militärischen Erfolge verloren wurde.

Bei den jungen, am Anfang des Aufschwungs stehenden Industriestaaten ist in diesen vier Jahren eine im allgemeinen positive Entwicklung zu verzeichnen. Sie sind mit den durch den Erdölpreis bedingten Schwierigkeiten fertig geworden. Das Erstarken dieser Nationalstaaten hat – zusammen mit den Spannungen unter den Großmächten – zur weiteren Schwächung der Organisation der Vereinten Nationen und dazu geführt, daß diese Staaten immer stärker in Regionalgruppierungen ihre Entwicklungsmöglichkeiten sehen.

In der Europäischen Gemeinschaft, der OPEC, dem atlantischen Kräftefeld, der ALALC, ASEAN mit der »sinischen« Werkstatt zeichnen sich solche regionalen Überlegungen ab, die oft nur in Umrissen zu erkennen sind und sich zuweilen überschneiden. Die USA, Mexiko und Kanada werden eines Tages eine ähnliche Gruppe bilden. Diese Gruppierungen werden nicht die NATO oder den Warschauer Pakt ablösen. Diese beiden Bündnisse werden solange bestehen und ihre Daseinsberechtigung haben, solange der Ost-West-Gegensatz, der sich in den letzten Monaten wieder verschärft hat, andauert. Sie sind zur Zeit wahrscheinlich das einzige Mittel zur Wiederherstellung des gestörten Gleichgewichts zwischen den Weltmächten. Sie können auch wesentlich dazu beitragen, die Freiheit der einzelnen Staaten mittlerer Größe zu erhalten, aber auch, um diese Staaten aus dem Sog der Blockbildung herauszuhalten. In diesen regionalen Überlegungen liegt, so meine ich, die große Aufgabe von Politik und Diplomatie der nächsten zwanzig Jahre.

Die Finanzwirtschaft der Welt wird im Augenblick durch zwei Fakten geprägt: Da sind die 1 000 Milliarden Eurodollar und die weltweite Inflation, die sich zur Zeit auch in einigen alten Industrieländern in zweistelligen Ziffern bewegt. Die Folge politischer Hochspannung und der Ungleichgewichtigkeit auf dem internationalen Finanzmarkt führte zur Renaissance des Goldes, die schlagartig im letzten Jahr die Szene verändert hat.

Die Aufblähung der Finanzmärkte wird vor allen Dingen dadurch bedrohlich, daß die Zahlungsbilanzen der schwachen, nichtölproduzierenden Länder immer stärker in Unordnung geraten.

Bedenklich ist weiter im Vergleich mit dem Zeitpunkt vor vier Jahren, daß es dem amerikanischen Präsidenten nicht gelungen ist – trotz der außenpolitischen Schlappen, die die USA auch in dieser Zeit einstecken mußten, und angesichts der Nöte aus Zahlungsbilanz und Energiekrise –, mit den beiden Häusern des Kapitols einen Modus vivendi zu finden, der eine effiziente Legislative und Exekutive in der Zwischenzeit ermöglicht hätte. Das Zerrupfen des jetzt vorgelegten Budgets für 1981 durch den Budgetausschuß des Senats kurz nach der Vorlage ist ein Zeichen dafür, daß diese Kommunikation noch nicht wieder in Ordnung ist, das heißt, daß die Komponenten der amerikanischen Verfassung noch nicht wieder aufeinander eingespielt sind. Diese Schwäche macht es für den Präsidenten sehr schwierig, Maßnahmen für ein neues, außenpolitisches Gleichgewicht zu treffen. Dieses neue Gleichgewicht, das gefunden werden muß, denn eine Wiederherstellung des alten scheint nicht mehr möglich zu sein, muß andere Qualitäten haben als das bisherige.

Mir scheint, daß die Sowjets zur Zeit an einem Gleichgewicht nicht interessiert sind, weil sie glauben, auf die Dauer wirtschaftlich in immer stärkerem Ausmaß auf der Verliererseite zu sein, und wohl die Befürchtung hegen, daß sich amerikanische Technologie und das chinesische Bevölkerungspotential eines Tages vereinen. Für die Erhaltung des Friedens ist es daher notwendig, daß die Sowjets zu der Überzeugung kommen, daß sie einen neuen Weltkrieg auch heute nicht gewinnen können. Kommen sie zu dieser Einschätzung des militärischen Risikos, so wird ihr Interesse an dem Gleichgewicht von selbst wieder wachsen.

Nach dem mißglückten Angriff Castros auf Südamerika ist Afrika derjenige Kontinent, der durch seine ethnische Vielschichtigkeit, soziale Unausgeglichenheit und großen natürlichen Reichtümern am meisten dazu reizt, daraus einen Kriegsschauplatz zu machen. Im Rahmen des atlantischen Kräftefeldes haben die Länder Afrikas die Chance, dieser Gefahr zu entgehen, ohne andererseits ihre Selbständigkeit zu opfern.

Notwendig dafür scheint mir allerdings ein Minimum an Einverständnis zwischen den einzelnen Teilen Afrikas zu sein. Man wird durch einen solchen grundsätzlichen Consensus sicherlich nicht alle Streitigkeiten und Spannungen, beispielsweise zwischen den arabischen Ländern Afrikas, beseitigen können. Anzustreben wäre aber ein Grundconsensus zwischen den islamischen Ländern und den Ländern des Südens, der die schwarzen und weißen Südafrikaner einschließt. Dieses wird wahrscheinlich in direktem Gespräch nur schwer möglich sein, zumindest am Anfang. Hier sollte aber die Rolle der Europäer einsetzen, vor allen Dingen die der europäischen Wirtschaft.

Öl, Technologie und Gold sind die drei Komponenten, die man zusammenspannen sollte. Ein anspruchsvolles Programm, gewiß, aber vieles von dem, was schwierig und fast unmöglich klingt, wird an vielen Stellen der Wirtschaft bereits praktiziert, ohne daß darüber laut gesprochen wird.

Es wird in den nächsten Jahren darauf ankommen, diese

Überlegungen allmählich zum Allgemeingut der führenden Persönlichkeiten in Politik und Wirtschaft zu machen, was am ehesten durch den Dialog möglich wäre. Es hat wenig Sinn, im öffentlichen Gespräch so zu tun, als gäbe es gewisse Teile der Welt nicht. Man kann weder die Araber noch die Südafrikaner aus den Überlegungen dieses Kontinents ausklammern. Die Europäer haben die Möglichkeit, zunächst mit den verschiedenen Partnern getrennt zu sprechen und dann zu versuchen, sie zu dritt zusammenzubringen: ein Trilog, von dem jetzt die Franzosen anfangen zu sprechen. Es ist sicherlich nicht möglich, ein solches Gespräch oder eine solche Politik zentral, also beispielsweise von den Vereinten Nationen aus, zu führen. Der Wirrwarr, der um die amerikanische Politik hinsichtlich der Palästinenser enstanden ist, zeigt am deutlichsten, wohin eine zentralistische Behandlung dieser Dinge führt. Sie müssen regional, dort allerdings in großzügigem Rahmen, verhandelt werden.

Das atlantische Kräftefeld ist durch das Erstarken südamerikanischer Länder – wie Brasilien, Venezuela, Argentinien – zu einem Bereich geworden, in dem sich die einzelnen Partner, ohne daß dies immer die Großmächte zu sein brauchen, zu sehr wirksamen, gemeinsamen Operationen zusammenfinden können.

Es ist ein Symptom der letzten Jahre, daß gerade die Südspitzen der Kontinente – Amerika, Afrika und Australien – eine besonders starke, zukunftsweisende Entwicklung genommen haben. Der Nord-Süd-Dialog könnte in diesem Zusammenhang ganz andere Dimensionen bekommen.

Großbritannien, Frankreich und die Bundesrepublik – in einem bestimmten Sinne auch Italien, Spanien und Portugal – haben Möglichkeiten des Gespräches und der Kooperation mit den Afrikanern, die beispielsweise Amerika trotz seines sehr viel größeren Gewichtes nicht hat. Diese europäischen Nationen können heute glaubhaft machen, daß sie eine Neokolonisation nicht anstreben. Es wird dabei darauf ankommen, daß diese Überlegungen – wie das ja bereits in der Wirtschaft geschieht – konkret bleiben bzw.

werden und nicht in ein allgemeines Gerede ausarten, eine Gefahr, in der sich zum Beispiel die Entspannung ständig befindet.

Es kommt darauf an, im wirtschaftlichen Bereich gesunde Projekte zu entwickeln, die einmal die wirtschaftliche Kraft aller daran Beteiligten stärken, also nicht nur für die eine oder die andere Seite vorteilhaft erscheinen, und die außerdem jene reichliche Liquidität absorbieren, die heute mit dafür sorgt, daß die Inflation weiterbrennt und die Ölländer immer zögerlicher macht, ihre Ölproduktion gegen inflationsbedrohte Gelder zu verkaufen, die man nicht schnell genug in produktive Werte umsetzen kann.

Der Consensus zwischen europäischen und afrikanischen Kräften der Wirtschaft und der Politik hat bereits begonnen. Es kommt darauf an, ihn jetzt auf eine solide, breite Basis zu bringen. Hier bringen Frankreich, Großbritannien und die Bundesrepublik jeweils besondere Voraussetzungen mit, die individuell eingesetzt werden können und auch bereits eingesetzt werden. Die Beteiligten sollten dabei auf beiden Seiten erkennen, daß die beste Friedenssicherung in einer Zusammenarbeit liegt, die nicht mit Bindungen – etwa an die NATO – verknüpft ist. Die Stärke solcher Zusammenarbeit liegt in der Freiheit von derartigen Bindungen. Die Möglichkeit der afrikanischen Länder, auf diesem Weg rasch einen balancierten und ihren Verhältnissen angemessenen Wohlstand zu erreichen, liegt auf der Hand.

Gelingt es auf diese Weise, das Gleichgewicht zwischen der sowjetischen und der amerikanischen Gruppierung ohne einen großen Krieg wiederherzustellen – was ich für möglich halte –, so ist auf lange Sicht wahrscheinlich sogar eine Entspannung zwischen den Blöcken möglich. Der Beitrag, den ein gemeinsames Arbeiten von Europa und Afrika in diesem Zusammenhang leisten kann, dürfte von immenser Bedeutung für die kommenden zwei Jahrzehnte sein.

Ohne ihre Identität aufzugeben – im Gegenteil: gerade auf der Basis dieser Identität –, haben die afrikanischen Staaten, haben die Gruppen des Islams und hat die südliche

Gruppierung die Chance, eine große und wichtige Rolle im Verhältnis zwischen Europa und Afrika zu spielen, sich aber auch in das atlantische Kräftefeld gemeinsam mit Europa als der entscheidende östliche Partner einzugliedern.

17. Die Optionen Afrikas

Ich habe im vorstehenden die Möglichkeiten und Gefahren dargelegt, die sich aus der politischen und wirtschaftlichen Situation, die seit den letzten Monaten entscheidenden Veränderungen unterworfen ist, entwickeln können.

Die eine Alternative zeigt Afrika als ein Schlachtfeld der Welt im Zusammenstoß zwischen Ost und West, ein Zustand, der sehr lange dauern und die Länder Afrikas in ihrer politischen Willensbildung um Jahrzehnte zurückwerfen kann. Zwei Ereignisse der jüngsten Zeit scheinen mir von besonderer Bedeutung zu sein.

Das erste sind die Wahlen in Rhodesien. Mit der jahrhundertealten Erfahrung der Kolonialmacht und einer großen politischen Willensanstrengung hat die britische Regierung nicht nur die Londoner Konferenz zu einem erfolgreichen Ende gebracht, sondern auch, noch einmal den Rock der Kolonialmacht anziehend, die rhodesischen Wahlen fair und ohne wesentliche Zwischenfälle durchgeführt. Die Wahlen haben klare Mehrheitsverhältnisse geschaffen und die Chance, die Ordnungskräfte des Landes zu erhalten und sie unter dem fähigen Führer der bisherigen Streitkräfte ineinander zu integrieren.

Mugabe hat dem britischen Gouverneur Lord Soames gegenüber zu erkennen gegeben, daß er die darin liegende Chance einer Einheits- und Versöhnungsregierung nutzen und im Commonwealth bleiben will. Ist er stark genug, dieses Vorhaben durchzuhalten gegenüber den Pressionen aus dem Osten und gegenüber Teilen seiner Anhänger, so kann diese Wahl für das südliche Afrika eine Wende bedeuten. Sie kann, wenn Mugabe ähnlich wie Kenyatta taktiert, erstens verhindern, daß die beiden großen Stämme – die Maschona und die Matabele – sich gegenseitig bekriegen, sie kann eine, wenn auch sicherlich zunächst sehr reservierte, Plattform mit Südafrika schaffen, und sie kann die Möglichkeit bieten, die bereits latent vorhandenen wirtschaftlichen Gemeinsamkeiten zwischen Südafrika, Zimbabwe, Sambia, Malawi, Botswana und vielleicht auch Mozambique auszubauen und zu legalisieren.

Wir haben uns von der Wirtschaftsseite her bemüht, diesen letzteren Weg vorzubereiten und sind dabei auf das Verständnis der Weltbank und der Washingtoner Organisationen gestoßen.

Gelingt es, die anstehenden gemeinsamen Projekte in Gang zu bringen, wird dies der Verflechtung zwischen den Staaten im Süden Afrikas von großem Nutzen sein und einen heute noch nicht abzuschätzenden politischen und wirtschaftlichen Integrationseffekt haben. Dabei werden sicherlich Widerstände zu überwinden sein. Wenn man aber die in Südafrika spürbare Bereitschaft für derartige Überlegungen, die Erschöpfung und Kriegsmüdigkeit in den Ländern wie Sambia und Mozambique und nun den neuen Ansatz durch eine auf breiter Basis ruhende simbabwische Regierung miteinander ins Kalkül zieht, ist eine denkbar günstige Ausgangsposition für das Zusammengehen in diesem Teil der Welt geschaffen, vielleicht kann man sogar von einer Sternstunde sprechen. Werden diese Hoffnungen enttäuscht, ist allerdings der Weg in Richtung auf das Schlachtfeld wieder ein Stück kürzer geworden.

Das zweite, wesentliche Moment ist die Änderung der Situation im Mittleren Osten, die in den arabischen Teil Afrikas ausstrahlt. Die Gespräche zwischen den Partnern von Camp David und die europäischen Gespräche mit der Widerstandsgruppe der Araber laufen zur Zeit in getrennten Bahnen. Es gibt jedoch Anzeichen dafür, daß in der Palästinenserfrage sich die Standpunkte in paralleler Richtung bewegen.

Das Zentrum der mittelöstlichen Erdölförderung in Saudiarabien und den Golfstaaten läßt sich nur dann gegen alle Erschütterungen absichern, wenn die umliegenden Länder eine stabile Flankensicherung abgeben. Wenn auf den Ölfeldern gekämpft wird, bricht die Versorgung der Industrienationen aus diesem Bereich heraus zusammen. Zu den flankierenden afrikanischen islamischen Staaten gehören Ägypten und der Sudan. Wenn auch zur Zeit noch ein tiefer Graben zwischen diesen Ländern und Saudiarabien besteht, so mehren sich doch die Zeichen, daß im mittelöstlichen Raum die Dinge in Bewegung gekommen sind. Die Reise des französischen Staatspräsidenten hat hier sicherlich Zeichen gesetzt, die aus der zukünftigen Entwicklung nicht wegzudenken sind. Auch hier wird es Aufgabe der Wirtschaft auf beiden Seiten sein, die Entwicklung weiter voranzutreiben, den so oft berufenen arabisch-europäischen Dialog stärker in Gang zu bringen. Wir führen in der Wirtschaft diesen Dialog seit mehreren Jahren gegen erhebliche Widerstände. Aber wir merken in der letzten Zeit, wie das Interesse an diesen Gesprächen zunimmt und daß es möglich ist, diesem Dialog auch immer konkretere Formen zu geben, was die gegenseitige Unterrichtung über Zielsetzung, Projekte, Ausbildungsfragen und ähnliches betrifft.

Gelingt es den gemeinsamen Anstrengungen der Industrieländer, der islamischen Welt und der Länder im südlichen Afrika, diese beiden Fragen in einem positiven, aufbauenden und friedlichen Sinn zu lösen, hat Afrika in seiner Gesamtheit einen entscheidenden Schritt in das »Morgen« getan, ist die Zusammenarbeit mit den europäischen Ländern, aber auch mit weiten Teilen des atlantischen Kräftefeldes neu und fest geknüpft. Es wird auf diesem Umweg dann sicherlich auch möglich sein, die Beziehungen innerhalb Afrikas, das heißt zwischen dem arabischen Teil und den südlichen Ländern, zu verstärken und die Menschen in diesen beiden Teilen des Kontinents einander näherzubringen. Auch hierbei werden die Industriestaaten ihren Beitrag zu leisten haben. Wird dieser Weg erfolgreich beschritten und von den Weggenossen mit Zähigkeit und Geduld, auch gegenüber Rückschlägen, weiterverfolgt, hat Afrika sich der Zukunft geöffnet, wird dieser Kontinent seinen ihm gebührenden Platz im Konzert der Nationen von morgen einnehmen.

Anhang

Bevölkerungs- und Einkommensstatistik Afrikas

	Bevölkerung		Volkseinkommen	
	in Tsd.	Jährliche Zuwachsrate in Prozent (1970 – 1976)	In Millionen Rand	Rand pro Kopf
Nördliches Afrika				
Algerien	17 304	3,2	9 995[4]	614[4]
Ägypten	38 067	2,2	10 838[5]	291[5]
Libyen	2 257[2]	4,2	11 476[5]	4 703[5]
Marokko	17 828	2,3	6 429[5]	371[5]
Sudan[6]	16 126	2,5	3 784[4]	246[4]
Tunesien	5 737	2,4	3 879	676
Zentralafrika				
Angola	5 646[3]	1,9	1 434[3]	256[3]
Gabun	530	1,0	1 881[5]	3 549[5]
Kamerun	6 531	1,9	1 751[4]	279[4]
Kongo	1 390	2,6	537[4]	410[4]

	Bevölkerung		Volkseinkommen	
	in Tsd.	Jährliche Zuwachsrate in Prozent (1970 – 1976)	In Millionen Rand	Rand pro Kopf
Zentralafrikanische Republik	2 370[7]	2,2	288[4]	165[4]
Tschad	4 116	2,1	341[4]	86[4]
Zaire	25 629	2,8	3 221[5]	129[5]
Südliches Afrika				
Republik Südafrika	26 129	2,6	29 180	1 079
Westliches Afrika				
Republik Obervolta	6 174	2,3	397[4]	67[4]
Benin	3 197	2,7	500[5]	161[5]
Ghana	10 309	3,0	3 532[4]	368[4]
Guinea	4 529	2,4	279[3]	71[3]
Elfenbeinküste	5 017	2,6	2 968	214
Liberia	1 751	2,4	808	462

	Bevölkerung		Volkseinkommen	
	in Tsd.	Jährliche Zuwachsrate in Prozent (1970 – 1976)	In Millionen Rand	Rand pro Kopf
Mali	5 844	2,5	351[4]	64[4]
Niger	4 727	2,7	348[3]	78[3]
Nigeria	64 750	2,7	21 899[5]	348[5]
Senegal	5 085	2,4	1 500[5]	301[5]
Sierra Leone	3 111	3,4	594[5]	193[5]
Togo	2 289	2,6	230[3]	118[3]
Östliches Afrika				
Burundi	3 864	1,1	238[5]	63[5]
Äthiopien	28 191	2,3	2 308[5]	82[5]
Kenia	13 847	3,6	2 968	214
Madagaskar	8 266	3,0	1 351[4]	173[4]
Malawi	5 176	2,6	574[5]	114[5]
Mozambique	9 444	2,3	1 593[3]	194[3]
Zimbabwe-Rhodesien	6 530	3,6	2 825[3]	432

	Bevölkerung		Volkseinkommen	
	in Tsd.	Jährliche Zuwachsrate in Prozent (1970 – 1976)	In Millionen Rand	Rand pro Kopf
Ruanda	4 289	2,7	288	69
Somalia	3 261	2,6	193[3]	69[3]
Uganda	11 943	3,3	1 737[4]	155[4]
Republik von Tansania	15 607	2,7	2 341	150
Sambia	5 188	3,5	2 118	425
Afrika gesamt	402 069	1,0	136 974	340
Prozentualer Anteil der Republik Südafrika	6,4		21,3	

[1] 1972. [2] 1973. [3] 1970. [4] 1974. [5] 1975. [6] De jure. [7] Basiert auf Schätzungen von 1968.

Auszüge aus der Eröffnungsansprache von Dr. Jan S. Marais, Vorstandsvorsitzender der Trust Bank of Africa und Präsident der South Africa Foundation:

»SÜDAFRIKA HEUTE UND MORGEN«

Südafrikanische Bevölkerung:

	Anzahl	Prozent der Gesamtbevölkerung
Weiße	4 300 000	17,0
Asiaten	730 000	2,8
Farbige	2 430 000	9,6
Schwarze	17 800 000	70,6
	25 260 000	100,0

Deutschland deckt aus Südafrika 80 Prozent seines Bedarfs an Blauasbest, 53 Prozent seines Bedarfs an Mangan, 45 Prozent seines Bedarfs an Chromerz und praktisch seinen gesamten Bedarf an Gold und Diamanten.

Der prozentuale Anteil Südafrikas an den Bodenschätzen der Erde und der westlichen Welt wird wie folgt geschätzt:

	Anteil an den Weltreserven in Prozenten	Anteil an den westlichen Reserven in Prozenten
Gold	65	72
Chrom	72	75
Platin	60	70
Mangan	50	72
Vanadin	50	73
Uran	25	30
Eisenerz	6	8
Nickel	2	3
Asbest	14	16
Kohle	2	5
Diamanten	50	60
Kupfer	2	4

Bodenfläche,
Bevölkerung und Bevölkerungsdichte
der Homelands (autonomous states)

Homeland	Bodenfläche in km^2	Derzeitige Gesamtbevölkerung	Bevölkerungsdichte pro km^2
Transkei (Xhosa)	38 712	1 751 142	48
Ciskei (Xhosa)	9 185	527 159	56
Bophuthatswana (Tswana)	37 993	887 318	23
Lebowa (N. Sotho)	22 476	1 087 095	51
Gazankulu (Shangana)	6 331	267 814	40
Venda (Vhavenda)	6 182	265 129	44
Swazi (Swazi)	2 084	118 126	56
KwaZulu (Zulu)	32 734	2 105 509	67
Basotho-QwaQwa (S. Sotho)	482	24 833	54
Gesamt	156 179	7 034 125	Durchschnitt 45

Zusammensetzung der Bevölkerung der Republik Südafrika (1970)

	Bevölkerung	Prozent
Gesamt	21 447 230	100
Weiße	3 750 716	17,5
Farbige	2 018 533	9,4
Asiaten	620 422	2,9
Zulu	4 026 082	18,8
Xhosa	3 929 922	18,3
Tswana	1 718 508	8,0
Nord-Sotho	1 603 530	7,5
Süd-Sotho	1 453 354	6,8
Shangaan-Tsonga	736 978	3,4
Swazi	498 704	2,3
Ndebele	414 641	1,9
Venda	357 875	1,7
Andere	317 965	1,5

Literaturverzeichnis

Bandulet, Bruno: Schnee für Afrika – Entwicklungshilfe: Vergeudete Milliarden. F. A. Herbig Verlagsbuchhandlung, München, Berlin 1978

Breyer, Karl: Moskaus Faust in Afrika. Seewald Verlag, Stuttgart 1979

Höpker, Wolfgang (Hrsg.): Südafrika auf der Waage – Ein Subkontinent zwischen Evolution und Revolution. Verlag Wissenschaft und Politik, Köln 1978

Jardim, Jorge: Sanctions Double-Cross – Oil to Rhodesia. Lissabon 1978

Kissinger, Henry A.: Memoiren – 1968 – 1973. Deutsch erschienen bei Bertelsmann Verlag GmbH, München 1979

de Kock, W. J.: Die Geschichte Südafrikas. Informationsministerium Pretoria 1972

Konzelmann, Gerhard: Sie alle wollten Afrika. Deutsche Verlags-Anstalt, Stuttgart 1979

von Menges, Dietrich Wilhelm: Unternehmensentscheide. ECON Verlag, Düsseldorf 1976

Muzorewa, Abel Tendekai: Rise Up and Walk – Bishop Abel Tendekai Muzorewa. Herausgegeben von Norman E. Thomas, o. O. 1978

Nixon, Richard: The Memories of Richard Nixon. Deutsch: Die Richard Nixon Memoiren. Ellenberg GmbH, Köln 1979

Panikkar, K. M.: Asien und die Herrschaft des Westens. Steinberg-Verlag, Zürich 1955

Pausenberger, Ehrenfried: Internationale Unternehmungen in Entwicklungsländern. Ihre Strategien und Erfahrungen. ECON Verlag, Düsseldorf 1980

Rösner, Dieter: Das Ringen um Afrika. ECON Verlag, Düsseldorf 1978

Sonnenhol, Gustav Adolf: Südafrika ohne Hoffnung? Wege aus der Gefahr. ECON Verlag, Düsseldorf 1978

Spandau, Arnt: Wirtschaftsboykott gegen Südafrika. Verlag Weltarchiv, Hamburg 1977

Starlinger, Wilhelm: Hinter Rußland China. Marienburg Verlag, Würzburg 1957
Werner, Victor: Die letzte Warnung. Kann der Dritte Weltkrieg verhindert werden? Seewald Verlag, Stuttgart 1974
Wirsing, Giselher: Die Rückkehr des mondo-mogo. Afrika von Morgen. Eugen Diederichs Verlag, Düsseldorf 1954

Dieter Rösner

Das Ringen um Afrika
Geschichte und Zukunft eines ruhelosen Kontinents
400 Seiten, gebunden

Dieter Rösner schlägt den Bogen über zweitausend Jahre afrikanischer Geschichte: bedeutende Kulturen und Königreiche, uralte Wirtschaftsverbindungen zu den Handelsplätzen der Alten Welt, den Zusammenbruch unter dem Ansturm des Kolonialismus, die afrikanische Unabhängigkeitsbewegung. Afrika ist heute Schauplatz einer Konfrontation der Großmächte, eine Herausforderung für Schwarz und Weiß. Aber es bietet auch die einmalige Chance, eigenstaatliche Verantwortung und das friedliche Zusammenleben verschiedener Rassen unter Beweis zu stellen. Rösner zeigt diese Entwicklung auf, macht deutlich, welche Schwierigkeiten dabei zu überwinden sind und welche Erfolge bereits erzielt wurden.

»Für den Afrika-interessierten Leser bietet das Buch eine Menge an Informationen über die Ursprünge afrikanischer Geschichte und Vorgeschichte.«
Deutsches Allgemeines Sonntagsblatt

ECON Verlag, Postfach 9229, 4000 Düsseldorf 1

Gustav Adolf Sonnenhol

Südafrika ohne Hoffnung?
Wege aus der Gefahr
112 Seiten, gebunden

»Die mit großer Kenntnis und fern jeder aufdringlichen Parteilichkeit vorgetragene Analyse Sonnenhols versteht es, die legitimen Interessen der weißen und schwarzen Position dem Leser zu verdeutlichen. Alles politische Theologisieren ist im fremd. Nach Hegel, auf den sich der Autor beruft, besteht die Tragik der Geschichte nicht im Kampf von Recht gegen Unrecht, sondern von Recht gegen Recht. Das ist die Situation Südafrikas.«
Die Welt

Dieter Blum

Afrika
Faszination eines Kontinents.
Vorwort von Leopold S. Senghor. Texte von Dr. Gisela Bonn
72 Seiten Text, 136 Seiten Farbabbildungen mit 156 Fotos,
Großformat: 32 x 44 cm, Grobleinen im Schuber

»Wer zu diesem Werk über Afrika greift, läßt sich auf ein Abenteuer ein, auf ein Erlebnis eines vielfältigen und vielschichtigen Kontinents, aber auch zugleich auf die Begegnung mit der Kunst der Fotografie. Hier ist ein Werk gelungen, bei dem Format, Bild, Text und Druck sich ergänzen, um einen Kontinent zu repräsentieren, der nur wenigen in seiner Ausdehnung und Mannigfaltigkeit voll zugänglich ist.«
Lion

»Doppelseitige Farbabbildungen finden sich da – farbenglühende wie raffiniert zarte, unerhört lebendige wie wüstenhaft leere – aus denen der Atem einer grandiosen Fremdheit uns anweht.«
Photoblätter

ECON Verlag, Postfach 9229, 4000 Düsseldorf 1

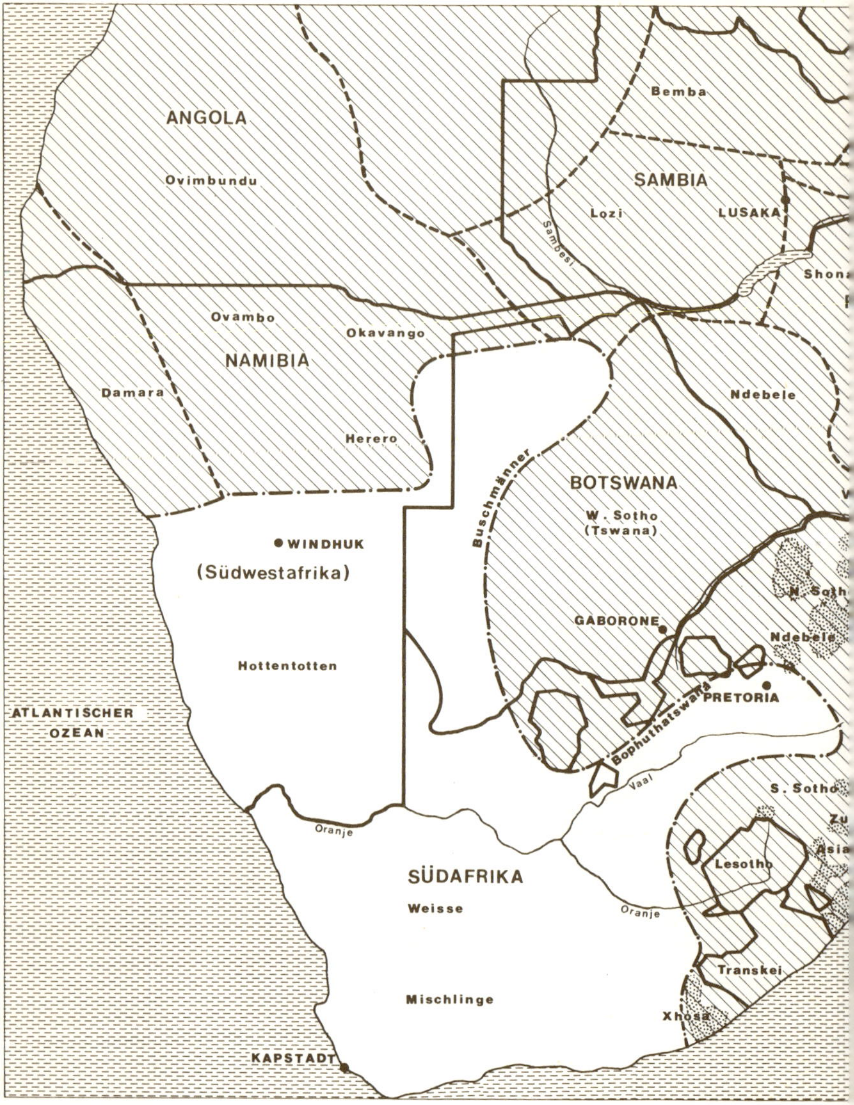
ANGOLA
Ovimbundu
Bemba
SAMBIA
Lozi
LUSAKA
Sambesi
Ovambo
Okavango
NAMIBIA
Damara
Ndebele
Herero
Buschmänner
BOTSWANA
W. Sotho
(Tswana)
WINDHUK
(Südwestafrika)
GABORONE
Ndebele
Hottentotten
PRETORIA
Bophuthatswana
ATLANTISCHER
OZEAN
Vaal
S. Sotho
Oranje
Lesotho
SÜDAFRIKA
Weisse
Oranje
Transkei
Mischlinge
Xhosa
KAPSTADT